Heidegger et Rilke

Interprétation et partage de la poésie

Marita Tatari

Heidegger et Rilke

Interprétation et partage de la poésie

L'Harmattan

5-7, rue de l'École-Polytechnique, 75005 Paris

http://www.harmattan.fr
diffusion.harmattan@wanadoo.fr
harmattan1@wanadoo.fr

ISBN : 978-2-343-01770-9
EAN : 9782343017709

1. INTRODUCTION

À quoi bon des poètes ? La fameuse question de Hölderlin sert comme titre et comme point de départ au discours prononcé par Martin Heidegger en 1946 à l'occasion du vingtième anniversaire de la mort de Rainer Maria Rilke[1]. Ce texte fût traité par la réception comme une interprétation et une évaluation critique de la poésie rilkéenne[2]. Effectivement, par sa juxtaposition à Friedrich Hölderlin et sa comparaison avec Friedrich Nietzsche, Heidegger met Rilke dans une position équivoque. L'hypothèse du présent travail est que l'ambiguïté de Heidegger envers Rilke est liée à son propre traitement ambigu du concept de l'interprétation, concept qui constitue le sujet implicite du texte.

Heidegger, en interprétant la poésie rilkéenne, met en même temps en avant la différence à l'œuvre dans l'interprétation proposée, nous conviant à penser non seulement la poésie, mais aussi et conjointement l'interprétation comme épreuve de l'être. Nous pourrions de la sorte dire que l'explication de Heidegger avec la métaphysique rilkéenne constitue simultanément une explication avec l'herméneutique. Après *Être et Temps*, Heidegger n'a plus voulu écrire de traité philosophique sur l'*hermeneia* de l'être. Il refuse également dans *Wozu Dichter ?* de faire de l'interprétation de la poésie son objectif théorique. L'expérience

---

1 Martin Heidegger, « Wozu Dichter ? », *Holzwege*, Klostermann, Frankfurt am Main, 1950 (« Pourquoi des poètes ? », *Chemins qui ne mènent nulle part*, trad. Wolfgang Brokmeier, Gallimard, Paris, 1962). À la différence de Brokmeier, nous préférons rendre « wozu » par « à quoi bon » (cf. plus loin 2.1.).

2 Dans le cadre des études rilkéennes, « Wozu Dichter ? » a été à plusieurs reprises explicitement ou implicitement dénoncé comme une lecture injuste de Rilke, à laquelle il faudrait substituer une autre, qui serait plus juste. Cf. Else Buddeberg, *Denken und Dichten des Seins. Heidegger, Rilke*, Stuttgart, 1956, Michel Haar, « Rilke ou l'intériorité de la terre », *Le chant de la terre*, L'Herne, Paris, 1985, Paul de Man, *Allégories de lecture : le langage figuré chez Rousseau, Nietzsche, Rilke et Proust*, Galilée, Paris, 1989, ou idem, « Introduction », Rainer Maria Rilke Œuvres *2. Poésie*, Seuil, Paris, 1966, Roger Munier, *La huitième élégie de Duino de Rainer Maria Rilke traduite et commentée par Roger Munier*, Fata Morgana, Paris, 1998. Dans le cadre des travaux sur Heidegger on trouve des remarques critiques concernant les présupposés philosophiques qui conditionnent sa lecture – injuste – de Rilke. Cf. Marc Froment-Meurice, *C'est à dire – Poétique de Heidegger*, Galilée, Paris, 1996, p. 18. Giorgio Agamben, *L'ouvert – De l'homme et de l'animal*, Rivages, Paris, 2002.

de l'être par la poésie et dans la poésie, c'est-à-dire dans son approche, prend alors la relève de la discipline qui questionne le sens de l'être.

Une lecture minutieuse du texte va montrer en quoi le traitement équivoque de Rilke renvoie à une réflexion équivoque sur l'interprétation. Nous allons examiner les deux esquisses de l'interprétation à l'œuvre dans le texte, discuter ce qui les rend possibles et ce qu'y est en jeu. Dans la mesure où la poésie de Rilke est dépréciée comme restant dans la métaphysique, l'interprétation est comprise comme saisie appropriative de l'interprété ; et la tâche de l'épreuve de l'être dans et par la poésie est rapportée à la fondation de l'histoire sur son essence manquée. Néanmoins ce texte donne simultanément à penser le débordement de toute saisie appropriative du sens dans la poésie et son interprétation. *Wozu Dichter ?* pose à nouveau la question du sens esthétique comme épreuve de l'être et met en jeu l'interprétation comme rencontre : non pas une rencontre entre le poète et l'interprète pensés comme instances du sens, mais l'ouverture à l'autre en tant que s'y donne le sens suspendu, en retrait. L'interprétation comme épreuve de l'être résorbe sa propre finalité et a lieu comme rapport, adresse.

L'analyse de l'interprétation dans *Wozu Dichter ?* nous mènera par la suite à *Être et Temps*[3]. Nous allons examiner comment il convient selon *Être et Temps* de penser l'*hermeneia* de l'être, *hermeneia* dont dérive aussi l'interprétation de la poésie et la poésie comme interprétation de l'être. Il s'agira d'une relecture sélective mettant en avant certains traits relativement discrets de la pensée heideggérienne. Penser l'être comme être-à et être-avec nous permettra de mieux élucider la conception de l'interprétation comme *hermeneia* de l'être. Afin d'envisager l'être-à et l'être-avec qu'est l'*hermeneia* de l'être, nous introduirons le terme de « partage »[4]. Il désignera l'être dans son agir comme espacement d'un dialogue. Nous allons montrer qu'*Être et Temps* ouvre la voie pour penser l'*hermeneia*

---

3 Martin Heidegger, *Être et Temps*, trad. Emmanuel Martineau, Authentica, Paris, 1985.

4 Terme que Jean-Luc Nancy, élabore d'après et après Heidegger dans *Le partage des voix,* Galilée, Paris, 1982.

comme « partage », tout en y faisant obstacle, en exhortant à l'assomption héroïque du sens de l'être.

L'équivoque d'*Être et Temps* quant à l'*hermeneia* sera comparée à l'équivoque de *Wozu Dichter ?* quant à l'interprétation. Comme si Heidegger menait une opération contre sa propre pensée, ces deux textes oscillent entre l'expérience de l'être en tant que tel, d'une part comme suspension du sens de l'être dans l'ouverture à l'autre, et d'autre part comme avènement et saisie du sens de l'être. Notre analyse d'*Être et Temps* contribuera de la sorte aussi à l'élucidation de la dimension de l'interprétation qu'ouvre *Wozu Dichter ?*, à savoir l'interprétation conçue non pas comme décodage de la poésie mais comme l'agir qu'est le retrait primordial de l'être. Il s'agit de l'interprétation comme rencontre sur la voie de l'histoire de l'être, où cette rencontre est entendue au sens du partage de l'être, en tant que s'y (in)décide, s'y donne et s'y suspend le sens.

Notre hypothèse de départ est donc que *Wozu Dichter ?* constitue moins une critique de Rilke qu'un travail sur l'interprétation. À cet égard, il est notable que, dans le contexte intellectuel où se situe *Wozu Dichter ?*, dès 1930, Hannah Arendt et Günther Stern Anders ont abordé la poésie rilkéenne en soulevant des questions sur ce qu'est une interprétation de cette poésie (1.1.). Il est également intéressant que l'interprétation de cette poésie par le théologien Romano Guardini en 1941 a suscité une interrogation sur la tâche de l'interprétation chez Heidegger en 1942-1943 (1.2.). Notre hypothèse s'accorde aussi avec la manière dont Heidegger s'est exprimé sur sa propre approche de Rilke, selon les témoignages de ses amis Heinrich Wiegand Petzet et Tezuka Tomio (1.3. et 1.4.).

1.1. Un précurseur de Wozu Dichter ?

En 1922, Rainer Maria Rilke écrit les *Élégies de Duino* et les *Sonnets à Orphée*[5]. Les deux recueils paraissent en 1923. Rilke meurt presque quatre ans plus tard, le 29 décembre 1926. Ces

---

[5] Rainer Maria Rilke, *Werke*, Manfred Engel, Ulrich Fülleborn, Horst Nalewski, August Stahl (éd.), 4 vol., Insel, Frankfurt am Main, 1996. Vol. 2 : *Gedichte* 1910-1926, p. 199-234.

œuvres, considérées à juste titre comme le sommet de la poésie rilkéenne, ont provoqué dans le premier temps de leur réception un certain malaise chez leurs interprètes. Arendt et son époux d'alors Anders, dans un article paru dans la *Neue Schweizer Rundschau* en 1930, parlent d'« une poésie à ce point étrangère à tout souci de communication [que face à elle] se pose la question fondamentale de savoir dans quelle mesure elle veut et peut encore être comprise, c'est-à-dire pour ce qui nous concerne, dans quelle mesure une interprétation reste permise »[6].

Pour leur part, Arendt et Anders font alors de cette quasi-impossibilité de toute reconstruction de sens, la prémisse fondamentale de leur interprétation. Ils n'essaient pas de dompter la rébellion de cette poésie afin d'accéder à son sens occulté : ils conçoivent sa résistance à tout décodage comme constitutive de sa poétique. Si cette poésie semble étrangère à tout souci de communication, c'est selon eux parce qu'il y va d'une adresse qui ne veut pas et ne peut pas être exaucée, d'un parler qui reste sans écho et sans réponse, déclenché par l'impossibilité de sa propre résonance. Cette adresse qui s'obstine tout en se soustrayant à toute possibilité d'être exaucée reviendrait à « l'expérience explicite dans sa négativité toujours recommencée de l'éloignement de Dieu »[7].

Suivant cet article, les *Élégies* retiendraient en quelque sorte le défaut de Dieu comme défaut. Aucun substitut n'y prend la place de Dieu : « Elles [les *Élégies*] ne se laissent pas ranger dans la production littéraire actuelle, qui sans hésiter et comme si cela allait de soi ne se préoccupe pas de Dieu ou bien qui pille le bien religieux, ce qui ne l'oblige à rien, ou bien encore, finalement, qui satisfait de soi-disants besoins religieux par des succédanés »[8].

La vie humaine, lorsqu'elle est soumise à une évidente détermination de Dieu, l'être-homme comme *creatum esse*, comme un être-devant-Dieu, est une nullité. Chez Rilke, suivant Arendt et Anders, l'impossibilité de faire l'expérience de Dieu

---

[6] Hannah Arendt – Günther Stern Anders, « Les *Élégies de Duino* de Rilke », trad. Anne-Sophie Astrup et Claude Lutz, *Po&sie n°38*, Belin, Paris, 1986, p. 37.

[7] Ibid., p. 51.

[8] Ibid.

ne signifie pas la disparition de la nullité comme détermination de l'être-homme, et que l'homme trouverait par défaut son chez soi naturel dans le monde. Elle ne signifie pas non plus que l'homme se comprend purement et simplement comme une nullité, ni que sa vie se déroule en l'absence de sens de son être, ni qu'il vit dans le nihilisme en acceptant cette absence de sens. L'absence de sens se distinguerait dans les *Élégies* d'une concession à un pur nihilisme, et cela par l'expérience toujours recommencée du retrait de Dieu. Il ne s'agirait pas, alors, d'un non-sens donné, mais de l'être-en-acte de l'absence du sens, de l'acte même de s'absenter, de « l'absentement », pour ainsi dire, du sens, à même son se-donner, ou bien d'un « nihilisme positif », pour employer l'étonnante expression des deux auteurs. Ils invitent ainsi à penser un nihilisme qui ne serait pas simple négation du sens, simple concession à l'absence du sens, simple non-sens : mais un « nihilisme positif » – expression qui désigne un non-sens qui fait sens, un non-sens à même la venue du sens :

> « Cet être-délaissé par Dieu et par le monde, cet être-chez-soi nulle part fait tout à la fois le caractère religieux et nihiliste du poème. Du coup le nihilisme devient „nihilisme positif" puisqu'il comprend de manière désespérée l'absence de Dieu comme un être-délaissé par Dieu, le désespoir devient le seul résidu religieux, et non comme aux époques de liens confessionnels le début et l'aiguillon de l'hérésie, l'élégie devient l'ultime forme littéraire du document religieux, l'expression de la perdition même et non la plainte pour ce qui est perdu »[9].

« L'expression de la perdition » dit l'être-en-acte du sens s'absentant, elle dit pour ainsi dire le « se-donner » de l'absence du sens, alors que « la plainte pour ce qui est perdu » dit cette absence comme donnée, elle dit le deuil devant l'absence donnée du sens. Le retrait de Dieu, et avec lui le retrait du sens, requiert de l'être humain l'expérience de ce retrait. L'être-humain est alors voué à s'exposer toujours à nouveau à son propre abandon, à l'avoir-lieu de la suspension du sens ; le

---

9 Ibid.

retrait de Dieu requiert le parler et l'adresse désespérée de cette poésie, qui s'obstine tout en se refusant.

« L'absence de résonance » dont les deux auteurs affirment que les *Élégies* sont conscientes et dont elles procèdent, voue l'adresse de cette poésie à sa répétition infinie. C'est l'absence de résonance qui suspend tout message de cette adresse à même son énonciation, qui la fait différer d'elle-même, et la voue à sa répétition infinie. À propos de la résonance, en définissant le monde de Rilke comme acoustique, Arendt et Anders écrivent en note infrapaginale : « cf. l'interdit de la représentation dans le judaïsme (…), la détermination de la *pistis* comme *akoè* dans le Nouveau Testament ; en général le rôle de la prière, qui ne supplie pas et qui ne s'adresse pas à une idole, mais qui veut être exaucée (*erhört*) ; finalement depuis Augustin, Luther, Calvin jusqu'à l'éthique sécularisée de Kant, qui parle encore de l'„appel“ du devoir »[10].

Retenir le défaut de Dieu comme défaut dirait alors une foi (*pistis*) comme écoute (*akoè*) dont l'objet s'absente en elle. Il dit aussi un appel lancé qui épargne dans son adresse même toute possibilité d'être exaucé. Il dit encore l'être humain infiniment requis par « l'absentement » de son sens. C'est la « situation paradoxale et ambiguë » d'où procèdent les *Élégies*. Or, si le sens des *Élégies* est si difficile à saisir, c'est qu'elles n'ont pas de sens saisissable. Selon Arendt et Anders, si l'interprétation a tant de mal à « reconstruire » le sens de cette poésie, c'est que le poème est l'expression même de la suspension du sens.

Les deux auteurs affirment dans cet article bien étrange pour son temps (nous pourrions dire qu'en parlant de nihilisme positif, cet article radicalise la pensée heideggérienne de la finitude du sens de l'être), que c'est à partir de l'absence de toute résonance que l'on peut comprendre les *Élégies de Duino*, et que cette compréhension n'a pas à reconstruire un sens : elle a à prendre en charge un appel qui renonce à toute résonance. Ce petit article, qui est presque passé inaperçu dans le cadre des études rilkéennes[11], mène directement au cœur de la probléma-

---

10 Ibid.

11 Après sa publication dans la *Neue Schweizer Rundschau* en 1930, c'est seulement en 1981 qu'il a été réimprimé dans le recueil consacré aux *Élégies*

tique que, seize ans plus tard, Heidegger déploiera dans *Wozu Dichter ?*

1.2. La tâche de l'interprétation de la poésie de Rilke. Guardini revisité par Heidegger

Les premières tentatives d'interprétation de la poésie de Rilke, celles d'avant-guerre, sont venues de la théologie protestante. Après 1933, selon le témoignage de Hans-Georg Gadamer, la poésie tardive de Rilke a pris, avec celle de Hölderlin, une importance toujours plus grande « pour la défense de la liberté intérieure »[12]. C'est seulement à partir de cette époque que la compréhension de cette poésie hermétique, toujours d'après Gadamer, commença à croître lentement. L'interprétation la plus éminente de Rilke provint alors du théologien catholique rhénan Guardini, en 1941. Guardini avait été un camarade de Heidegger en 1912 à Freiburg, au « *Collegium Sapientiae* » (ils y avaient effectivement partagé la même chambre). Il est le seul interprète de Rilke que Heidegger évoque dans son cours sur Parménide de l'hiver 1942-1943[13].

Le livre de Guardini *Zu Rainer Maria Rilkes Deutung des Daseins* [14] constitue selon Gadamer la première tentative sérieuse d'accéder à cette poésie. Le retentissement de ce livre avait déjà atteint la France en 1946, lorsque Pierre Klossowski en présenta une recension dans la revue *Critique*[15]. L'inter-

---

de Duino chez Suhrkamp (Ulrich Fülleborn et Engel Manfred (éd.), *Materialien zu Rainer Maria Rilkes « Duineser Elegien »*, 3 vol., Suhrkamp, Frankfurt am Main, 1980-1982).

[12] Hans-Georg Gadamer, « Rainer Maria Rilkes Deutung des *Daseins* », *Kleine Schriften 2, Interpretationen*, Mohr, Tübingen, 1967, p. 178 (je traduis). La « liberté intérieure » dont parle Gadamer resssemble à la « résistance intérieure » ; qui est un concept avec lequel quelques allemands restés dans l'Allemagne nazie ont essayé de nommer leur résistance silencieuse et leur intégrité face au régime totalitaire.

[13] Martin Heidegger, *Parmenides*, GA 54, Klostermann, Frankfurt am Main, 1982.

[14] Romano Guardini, *Zu Rainer Maria Rilkes Deutung des Daseins*, Francke, Berne, 1946.

[15] Pierre Klossowski, « Rainer Maria Rilke et les *Élégies de Duino* », *Critique 5*, Minuit, Paris, 1946, p. 404-418.

prétation de Guardini suscita chez Heidegger (en 1942-1943) une interrogation sur la tâche de l'explicitation de la poésie qui délimite la critique théologique ou philosophique de la poésie par rapport à l'interprétation de cette même poésie, c'est-à-dire par rapport à l'explicitation de sa vérité.

Guardini tente de dégager la cohérence d'une pensée à partir de cette poésie. Mais c'est d'après la perspective de la foi chrétienne qu'il délimite la pensée qu'il entrevoit chez Rilke. Être à la hauteur de cette poésie signifie pour lui poser la question de sa « vérité objective »[16]. Il critique d'un point de vue théologique ce qu'il nomme l'« individualisme » de Rilke, individualisme qui conduirait selon lui à la dissolution de la personnalité propre et favoriserait une grande perméabilité au totalitarisme. Guardini pose ainsi la question de la légitimité de la prétention à la vérité de cette poésie et en fait une sorte de critique théologique.

Heidegger, dans un de ses cours donnés pendant la guerre[17] se restreignant à la seule interprétation d'un mot rilkéen – l'« Ouvert » –, dans la huitième des *Élégies de Duino*, se réfère à l'interprétation que Guardini donne de ce mot. L'interprétation chrétienne de l'« Ouvert » rilkéen par Guardini serait en partie légitime, car ce mot, pensé depuis l'histoire de l'être, est aussi métaphysique que le christianisme. Mais Guardini ne pense pas le christianisme (et cette poésie) à partir de l'être. Ce qui importe pour Heidegger est d'éprouver l'expérience de l'être qui conditionne ce mot poétique, même s'il s'en détourne. L'interprétation chrétienne de ce mot, pour autant qu'elle n'est pas à même de prendre en charge cette expérience de l'être, est erronée. Ainsi la critique heideggérienne est-elle une critique de l'interprétation de ce mot.

Plus précisément, dans ce cours sur Parménide, Heidegger délimite le mot rilkéen par rapport à ce qu'il entend lui-même par le mot d'« Ouvert », et il semble par là imposer à cette poésie des mesures philosophiques. Heidegger anticipe cette objection. Ce reproche, dit-il, serait juste si « philosophie » et « poésie » étaient deux occupations de l'homme distinctes dans

[16] Ibid., p. 374 sq.
[17] Heidegger, GA 52, op. cit.

leur essence. Or les choses sont bien plus complexes car l'essence de la pensée et l'essence de la poésie doivent d'abord recevoir à nouveau originairement leur ressort (« Befugnis »). Cela ne peut arriver que lorsque la validité (« Verbindlichkeit ») du mot et du dire est d'abord à nouveau originairement décidée et confiée au soin de l'homme[18]. Dans ce cours, Heidegger dit qu'il lui importait seulement de mettre un terme au danger que l'« Ouvert » rilkéen soit confondu avec l'« Ouvert » de l'ouverture sans retrait de l'étant qui le fait être comme étant : de mettre donc un terme aux interprétations injustes de ce mot.

L'approche de la poésie sur la base d'expériences et d'impressions personnelles est trop insuffisante, « c'est-à-dire que tout ça n'est rien dans une époque où non seulement l'être et le non-être d'un peuple est à porter à décision, mais où en devançant tout cela, tout simplement l'essence et la vérité de l'être et du non-être eux-mêmes sont en jeu »[19]. Heidegger écrit cela en 1942, en pleine guerre mondiale. Il se réfère donc au destin du peuple allemand qui est en train de se jouer. Poser la question de la vérité qui est propre à la poésie en tant que poésie revient à la question de l'essence et de la vérité de l'être. Dans une telle question se joue aussi le destin des Allemands. Heidegger, en délimitant la tâche de l'interprétation[20], lutte non pas comme Gadamer pour la « défense de la liberté intérieure », mais pour le peuple allemand qu'il s'agit de fonder sur la vérité de l'être.

Le mot rilkéen de l'« Ouvert » n'est pas simplement défini par rapport au concept heideggérien de l'« Ouvert ». L'« Ouvert »

---

[18] Ibid., p. 227.

[19] Ibid., je traduis.

[20] La transcription latine du mot grec « ερμηνεία », à savoir « interprétation » (en allemand « Interpretation ») apparaît très rarement dans le corpus heideggérien. En 1951, dans un séminaire de Zurich, en répondant à deux questions d'Emil Staiger, Heidegger lui reprend le mot « Interpretation » pour expliquer pourquoi il déploie sa pensée en interprétant des textes philosophiques ou poétiques. Dans le même texte, en répondant à une question de Beda Alemann, il dit que la philologie en tant que science ne pense pas. En revanche, questionner le sens des recherches philologico-scientifiques, voir en elles ce qui est digne du penser et ce qui reste en elles ininterrogé, peut les ouvrir à la pensée qui se tient en face (*gegenübersteht*) de la poésie. (Martin Heidegger, GA, Bd. 15, Klostermann, Frankfurt am Main, 1986, p. 423-439, traduit en français par François Fédier dans *Po&sie n° 13*, Belin, Paris, 1980).

au sens rilkéen appartient à l'« Ouvert » au sens heideggérien. Dans le mot rilkéen, il y a l'événement de l' « Ouvert » au sens heideggérien, qu'il soit oublié ou éprouvé dans son dernier frémissement. L'événement de l'être que le mot rilkéen recouvre (en l'occultant), est un événement de l'être en tant qu'il n'est pas. Comme tout nom métaphysique, l'« Ouvert » rilkéen est conditionné par l'être (qui n'est pas) et il s'en est détourné : il en est l'oubli. Ce qui importe pour Heidegger est de rouvrir le mot rilkéen à l'expérience de l'événement de l'être qui le conditionne.

Lorsque la vérité de l'être qui conditionne le nom métaphysique est éprouvée, alors le mot poétique est éprouvé en tant que tel. C'est alors que la juste entente de la poésie peut fonder l'histoire sur l'histoire de l'être, qu'elle peut fonder le peuple (allemand) sur l'essence de la vérité de l'être. Ainsi la juste entente du mot rilkéen de l'« Ouvert » parviendrait à accomplir ce que le mot rilkéen – parce qu'il se détourne de l'expérience de l'être qui pourtant le conditionne – n'arrive pas à faire : s'élever à la hauteur d'une décision fondatrice de l'histoire (« geschichtegründenden Entscheidung »[21]).

L'« Ouvert » rilkéen cor-respond aux hommes « d'aujourd'hui », c'est-à-dire aux hommes modernes de la métaphysique des temps modernes. Dans cette époque, il reste à décider de l'être et du non-être du peuple allemand, et d'en décider à partir de et selon l'essence et la vérité de l'être et du non-être. Le mot rilkéen de l'« Ouvert » ne s'élève pas au rang d'une décision fondatrice de l'histoire, car il reste dans la perspective des temps modernes et n'éprouve pas l'événement de l'être qui le conditionne en tant qu'il est poétique. Dans ce texte, c'est de l'interprétation qu'Heidegger exige cette décision. L'interprétation de cette poésie devrait éprouver la vérité dont le mot rilkéen se détourne. Dans ce cours, la critique par Heidegger du mot rilkéen de l'« Ouvert » ne concerne pas tant la poésie de Rilke (qui est incontestablement posée comme étant de la poésie digne de son nom) que l'interprétation de la poésie et sa tâche. Notre intention ici est de le montrer, et non de critiquer l'usage que Heidegger fait de « l'Ouvert ».

---

21 Ibid, p. 239.

1.3. L'importance de la juste entente de la poésie rilkéenne

Dans le cours sur Parménide, donné au beau milieu de la guerre, la tâche de l'interprétation est rapportée à une décision qui commande, depuis la poésie et la pensée, le politique. Dans *Wozu Dichter ?*, en 1946, la tâche de l'interprétation est comprise de manière bien plus équivoque. Le témoignage de Petzet corrobore cette impression. Petzet rapporte dans son livre *Auf einen Stern zugehen*[22] une lettre que Heidegger lui avait écrite juste après la guerre.

C'était en 1948, alors que Heidegger, à cause de son engagement nazi, avait été exclu de l'université, et n'avait plus eu ni la permission d'enseigner ni celle de publier. Petzet exprimait dans une lettre à Heidegger ses doutes quant à savoir s'il devait y avoir pour l'Allemagne, après tout ce qu'elle avait « éprouvé et subi », l'espoir de quelque chose de semblable à l'intégrité suisse de l'après-guerre : s'il devait y avoir l'espoir d'une sorte de « restitutio ad integrum »[23].

Heidegger, le 28 octobre 1948, lui répondit que là-bas, comme ailleurs, où l'on vit dans des conditions pareilles, on passe à côté de ce qui est vraiment ; que, pour affreux que fut ce qui s'est emparé des Allemands, cela laisserait partout des signes ; et que – peut-être dans des décennies seulement – le monde moderne de l'homme technique tendrait à sa fin, à savoir à son point culminant. Petzet remarque entre parenthèses que Heidegger a publiquement admis plus tard, dans un discours à Messkirche, qu'il se trompait alors dans cette supposition, « au moins en ce qui concerne le commencement temporel trop rapide [de la fin du monde moderne de l'homme technique] »[24]. Et il ajoute que dans la technique, Heidegger comprenait aussi la psychologie qui était devenue depuis longtemps psychanalyse, et qui en Suisse et ailleurs valait comme philosophie, sinon comme religion. Heidegger poursuivait ainsi :

---

22 Heinrich Wiegand Petzet, *Auf einen Stern zugehen, Begegnungen und Gespräche mit Martin Heidegger 1929-1976*, Societäts-Verlag, Frankfurt am Main, 1983.

23 Ibid., p. 54. Je traduis.

24 Ibid., p. 55.

> « Il ne se passe rien avec le simple renouvellement (ou restauration) de l'ancien, tant que nous ne menons pas à fond (*nachvollziehen*) les expériences fondamentales de Nietzsche et de Rilke et que nous ne commençons pas à prendre au sérieux l'époque contemporaine avec leur regard »[25].

Poésie et pensée sont donc ici traitées indistinctement. En chacune d'elles importe leur expérience fondamentale qu'il nous faudrait prendre en charge. Cela ne veut pourtant pas dire faire de cette poésie et de cette pensée une profession de foi, ni même par elles se poser en sauveur. Il suffirait :

> « que nous endurions la détresse que subit l'homme d'aujourd'hui et gardions à l'oreille l'appel au secours que lui-même n'est pas en mesure de comprendre afin que nous nous recueillions encore et toujours »[26].

Cela n'aurait d'après Heidegger rien à voir avec une critique de l'époque, ce qui ne serait pas grand-chose. Il y allait là d'un effort

> « de rencontrer soi-même les simples exigences de l'être (*Seyns*). Ce chemin peut paraître long et indigent par rapport aux dépenses quotidiennes. Toutefois : nous devons nous retrouver dans la pauvreté des rapports essentiels[27].

---

25 Ibid.

26 Ibid.

27 Le 27 Juin 1945, au château de Wildenstein, Heidegger prononce une allocution intitulée « La pauvreté » (traduite en français par Philippe Lacoue-Labarthe et Ana Samardzija et présentée par Lacoue-Labarthe dans Martin Heidegger, *La pauvreté (Die Armut)*, Presses Universitaires de Strasbourg, Strasbourg, 2004). Il y commente une « sentence » (ibid., p. 7) attribuée à Hölderlin : « Chez nous, tout se concentre sur le spirituel, nous sommes devenus pauvres pour devenir riches. ». La problématique de la lettre de 1948 adressée à Petzet recroise en partie celle de *La pauvreté*. Et cela non seulement parce que l'exhortation à endurer la détresse (ou la pauvreté) y est dans les deux cas rapportée à la tâche qui convient au moment historique de la « catastrophe » de l'Allemagne, mais en outre parce que la problématique de la pauvreté donne à penser cette logique paradoxale qui met en suspens la dialectique, et que Lacoue-Labarthe, en reprenant l'expression de Derrida, formule comme une « ontologie économique », une économie qui – telle « l'économie générale » de Bataille – est « une „économie" (une anéconomie)

On devrait partout considérer la situation extérieure comme une aide [pour nous ramener dans la pauvreté des rapports essentiels] »[28].

La poésie de Rilke (et la pensée de Nietzsche) a alors une tâche à accomplir « aujourd'hui », c'est-à-dire à l'époque de la métaphysique de l'homme moderne. Cette tâche concerne l'entente de cette poésie (et de cette pensée). Parce qu'elles correspondent à cette époque, parce qu'elles disent la manière dont l'être se donne dans cette époque, les comprendre (*nachvollziehen*) correctement revient à correspondre soi-même à celle-ci. C'est la seule chose qui pourrait la changer. Nous les entendons correctement lorsque nous comprenons leurs expériences fondamentales. Mais les comprendre ne signifie ni y adhérer sans réserves, ni croire qu'avec elles on pourrait sauver le monde.

Comprendre l'expérience fondamentale de cette poésie (et de cette pensée) signifie prendre en considération l'indigence de notre époque et la détresse – ou la nécessité – avec laquelle cette détresse nous appelle (le *Notschrei*) depuis et comme cette époque. Entendre la détresse et l'appel de la nécessité revient à dire encore et toujours se recueillir (*besinnen*) : y correspondre avec la pensée. La détresse de l'après-guerre aiderait à entendre dans cette poésie la détresse et son appel : à rencontrer l'être qui nous requiert, à rencontrer les exigences (*Ansprüche*) de l'être, et à répondre à son appel en y cor-respondant. Endurer cette détresse nous aiderait donc à entendre correctement la poésie de Rilke (et la pensée de Nietzsche) : à entendre qu'elle articule la détresse de l'être et son appel. Mais entendre cela est entendre qu'il ne s'agit pas d'une incitation à dépasser la détresse (à « jouer les sauveurs »). Au contraire, entendre cela, c'est correspondre à l'être dans la métaphysique s'accomplissant, dans la mesure où toujours à nouveau, nous prenons en considération la détresse, où nous l'endurons et y cor-respondons avec la pensée. Ainsi Heidegger dans cette lettre de 1948 voit tou- jours (comme dans son cours sur Parménide) le destin de

dépourvue, manquant de la „puissance du négatif" » (p. 30). Il serait possible d'établir un parallèle entre celle-ci et l'épreuve de la détresse (qu'est l'être) en tant qu'elle ne mène pas au dépassement de la détresse.

28 Petzet, ibid., je traduis.

l'Allemagne dans la perspective de l'histoire de l'être. Toutefois, il ne demande plus une décision mais de l'endurance[29].

Dans les passages cités de cette lettre à Petzet, la poésie de Rilke n'est aucunement dépréciée parce qu'elle resterait prise dans la métaphysique. Au contraire, elle y est presque présentée par Heidegger comme notre seule chance de rencontrer l'appel de l'être qui nous requiert.

1.4. Le témoignage de Tomio

Un autre témoignage qui va dans le sens de notre hypothèse, à savoir que *Wozu Dichter ?* ne constitue pas en premier lieu une critique de la poésie rilkéenne, est celui de Tomio qui s'est entretenu sur ce sujet avec Heidegger en 1955[30]. Tomio, tout en reconnaissant Hölderlin comme étant incontestablement « poète en temps de détresse », avouait trouver les choses plus problématiques en ce qui concernait Rilke. Il remarquait alors que Heidegger dans *Wozu Dichter ?* s'était exprimé à propos de Rilke de manière ambiguë, « comme s'il émettait une réserve sur un point : „Si Rilke est poète en temps de détresse" ». Il demanda alors à Heidegger s'il avait une raison pour avoir demandé « *si* Rilke est poète en temps de détresse ».

Heidegger lui aurait alors répondu : « Effectivement, j'ai moi-même évité de trancher et j'ai laissé la question ouverte. Mais il n'y a pas que là. À d'autres endroits également n'avez-vous pas reconnu un ton semblable ? »[31] Ainsi semble-t-il – bien que ce ne soit pas de manière nette – ne pas admettre avoir émis dans ce texte des réserves à l'égard de Rilke. Au contraire, le fait qu'il rappelle qu'il a ailleurs aussi, dans d'autres textes, évité de trancher et laissé la question ouverte, nous invite plutôt à penser cette ambiguïté autrement que comme critique de Rilke. Par la

---

[29] Néanmoins, le fait que l'épreuve de l'expérience fondamentale de Rilke, comme celle de Nietzsche, est abordée dans la perspective de la restauration de l'ancien, revient à dire aussi que l'expérience de l'être est abordée, malgré tout, comme pouvant également fonder l'histoire.

[30] Tezuka Tomio, « Une heure avec Heidegger », trad. Bernard Stevens avec l'assistance de Tadaori Takada, *Philosophie* n° 69, Minuit, Paris, 2001.

[31] Ibid.

suite, lorsque Tomio expose ses réserves à l'égard de Rilke, Heidegger répond : « C'est exactement comme vous dites. On devrait sans doute étudier Rilke de manière beaucoup plus précise »[32]. Or ici, s'il admet bien que Rilke n'est pas autant poète en temps de détresse que Hölderlin, c'est tout en disant que cela devrait constituer l'objet d'une autre étude et que, par conséquent, cela n'a pas été la question de *Wozu Dichter ?* Qu'ils discutent ensuite des rapports étroits que la « véritable poésie » établit avec « l'époque et les affaires de l'époque » lorsque, tout comme la détresse de l'être, elle reste « inaperçue des hommes »[33], renforce notre hypothèse, à savoir qu'il y va de la compréhension de la poésie, pensée à partir de l'être.

---

[32] Ibid.
[33] Ibid.

2. À QUOI BON DES POÈTES ?

2.1. La vocation des poètes décrite à l'aide de Hölderlin

La question de Hölderlin

« …et à quoi bon des poètes en temps de détresse ? » Le texte s'ouvre sur la question de Hölderlin, tirée de l'élégie « Pain et Vin » (*Brod und Wein*). Aujourd'hui, dit Heidegger, nous comprenons à peine la question. Pour saisir la réponse de Hölderlin, il faudrait d'abord comprendre la question. La première chose qu'il s'agit d'éclairer est le « temps de détresse ». Le mot de « temps », dit-il, signifie ici l'âge auquel nous-même appartenons encore. Ce qui définit cet âge est le défaut de Dieu. C'est ainsi qu'il a été éprouvé par Hölderlin. Dans ce qui suit, Heidegger, en explicitant la signification de ce vers et en se référant sélectivement à d'autres écrits du poète, explique l'expérience historiale de Hölderlin.

Le mot « historial » (*geschichtlich*), concept introduit dans *Être et Temps*, nomme ce qui appartient à l'histoire pensée à partir et selon l'être. Si le mot « historique » (*historisch*) se réfère aux événements inscrits dans la linéarité du temps (dans le temps pensé à partir de l'étant), le mot « historial » pense les événements depuis l'avènement de l'être : il les ouvre à leur propre avoir-lieu en tant qu'il est à la fois avènement et retrait de l'être. L'expérience historiale nomme l'expérience de l'être dans l'étant en question. Lorsque Heidegger explicite l'expérience historiale de Hölderlin, il énonce le rapport à l'être tel que le poète l'a éprouvé. Ce rapport, en tant que l'être n'est rien d'étant, ne peut pas constituer un objet de connaissance : il ne peut s'ouvrir que dans une expérience ; il est une expérience.

Selon l'expérience historiale de Hölderlin telle que Heidegger l'explicite, ce temps est de plus en plus indigent. Notre histoire s'ordonnait jadis à partir d'un lieu qui, désormais vide de dieux, nous manque. Bien que nous ne reconnaissions pas ce manque, il nous appelle[34]. Parce que nous ne le reconnaissons pas, nous n'éprouvons pas que nous sommes requis. Cette non-épreuve est ce qui aggrave la détresse du temps et mène à l'absence de tout fondement. Éprouver notre être comme déploiement de la détresse, retenir le défaut des dieux comme défaut, est ce qui fait la nécessité de ce temps.

L'homme auquel il est donné d'atteindre l'abîme plus tôt et autrement que les autres, éprouve les marques que l'abîme dessine : les traces des dieux enfuis. Si celles-ci peuvent rester quelque part pour les mortels, c'est dans la région de l'appartenance réciproque du ciel et de la terre en tant que l'endroit des noces des dieux et des hommes[35]. Or, pour reconnaître les traces des dieux enfuis, il faut reconnaître dans l'histoire du monde le lieu divin, le lieu de l'absence de dieux. L'appartenance réciproque des dieux et des hommes nomme non seulement le rapport que les mortels *ont* avec les dieux, mais le rapport aux dieux que les mortels *sont* (et inversement). Ainsi, reconnaître ce lieu signifie prendre site dans notre être en tant qu'il se rassemble sur le lieu divin : demeurer dans le rapport à l'absence du divin que nous sommes.

Il faut ainsi atteindre plus tôt et autrement que les autres à l'abîme pour éprouver les traces qu'il cèle : l'éprouver non pas en vue de la présence (comme un manque qu'il faudrait com-

---

[34] Nous employons le verbe requérir de manière inhabituelle dans des tournures telles que « le manque requiert le temps », ou « il nous requiert », « il requiert notre être », afin de désigner le rapport dans lequel le sujet du verbe (le manque, le défaut, l'absence) retient son objet (nous, notre être, ou « le temps »).

[35] Ainsi Heidegger anticipe dans « Wozu Dichter ? » l'apparition de ce que plus tard, dans les conférences entre 1950 et 1973, il a nommé Geviert, et tout d'abord dans la conférence *Das Ding* (la chose) prononcée devant l'Académie bavaroise des Beaux-Arts le 6 Juin 1950 (Martin Heidegger, « Das Ding », *Gestalt und Gedanke*, Jahrbuch der Bayerischen Akademie der Schönen Künste, t. 1, München, 1951, p. 128-148, plus tard reprise dans Martin Heidegger, *Vorträge und Aufsätze*, Neske, Pfullingen, 1954, trad. Fr. A. Préau, *Essais et conférences*, Gallimard, Paris, 1958). Cf. par exemple, Heidegger, « Das Ding », op. cit., p. 11-12 : « Diese Vier [Erde und Himmel, Göttliche und Sterbliche] gehören, von sich her einig, zusammen, sie sind in ein einziges Geviert eingefaltet ». Trad. Jean-François Mattéi, Heidegger et Hölderlin, Le Quadriparti, Presses Universitaires de France, Paris, 2001, p. 227 : « Les Quatre [dieux, mortels, ciel, terre] se tiennent ici unis à partir d'eux-mêmes, ils sont joint dans l'unité d'un unique Quadriparti (*Geviert*) ».

bler), mais comme ce qui nous requiert et nous fait être ceux que nous sommes, l'éprouver comme « un destin qui nous advient en deçà du pessimisme et de l'optimisme » (PP, 325)[36]. Avec cette épreuve, il ne s'agit pas d'aspirer à un revirement ni de chercher à l'atteindre. En voulant contourner l'absence (de tout fondement) en présence (en aspirant au retour de dieux), nous n'éprouvons pas que c'est ce « vouloir la présence » qui aggrave l'absence et mène à l'absence de tout fondement. La détresse est le rapport à l'être que nous sommes. De la sorte, la détresse et son dépassement ne peuvent pas résulter de notre volonté. En revanche, parce que nous sommes le déploiement de la détresse, c'est plutôt notre volonté qui résulte de la détresse.

Éprouver notre être est éprouver que toute présence est déjà absence[37]. C'est aussi éprouver que c'est notre être (en tant que nous sommes concernés par la présence qui est déjà absence) qui mène à l'absence de tout fondement (l'abîme) : éprouver que ce qui nous met dans la nécessité, ce qui nous requiert, c'est notre être même. Ainsi, l'épreuve de notre être revient à consentir à sa propre suspension : elle revient à l'épreuve de ce que nous sommes comme « se suspendant », comme « différant de soi-même », comme étant à chaque fois déjà l'absence qui nous met dans la nécessité et nous requiert. Dans la mesure où nous sommes ceux qui visent et aspirent à la présence (qui est pourtant déjà absence), éprouver notre être revient à éprouver que notre être nous requiert infiniment ; qu'il est la mise en jeu de la suspension de ce à quoi nous aspirons, c'est-à-dire aussi sa relance et l'ouverture de son être-possible.

Alors si ce qui fait la nécessité du temps de détresse est l'épreuve de notre être, il faut retenir le revirement comme possible, c'est-à-dire comme non-réalisé. C'est ainsi que notre temps devient la suspension entre un « ne plus… » et un « ne pas encore… », entre la présence passée des dieux et leur retour à venir. Le temps de détresse requiert son épreuve, mais la

36 Désormais nous signalons ainsi la pagination de « Pourquoi des poètes ? ».

37 « ils [les mortels] restent, si nous pensons leur essence propre, plus proches de l'absence, parce qu'ils sont concernés par la présence, comme est nommé depuis longtemps l'être. Mais, comme la présence du même coup se dissimule, elle est elle-même déjà absence » (PP, 326).

finalité de cette épreuve est en même temps l'épreuve de la suspension de cette finalité. C'est la raison pour laquelle Hölderlin ne demande pas pourquoi (*warum*) des poètes ; il ne demande pas la raison pourquoi cette catégorie d'hommes convient à cette tâche, mais « à quoi bon », « wozu » cette épreuve : il émet un doute, une réserve, comme s'il demandait s'il y a vraiment une tâche assignée aux poètes, s'il y a une finalité à leur occupation.

La tâche des poètes et la juste écoute du dire poétique

L'objet de la phrase interrogative (« à quoi bon… ») est « les poètes ». Ils sont ceux qui ont à atteindre plus tôt et autrement que les autres à l'abîme. L'« essence » ou le propre des poètes paraît être lié d'une manière très étroite à l'âge auquel ils appartiennent. Un poète est vraiment poète dans la mesure où il entretient le rapport à son temps comme son essence même : le (vrai) poète est non seulement *en* rapport avec son temps, mais aussi il *est* un rapport à son temps. Car l'essence des poètes requiert en premier lieu l'épreuve du temps.

Heidegger dit qu'en temps de détresse il appartient à l'essence des poètes qu'à partir de l'indigence du temps, état de poète et vocation poétique deviennent d'abord pour les poètes des questions poétiques (PP, 327). Dans la « vocation poétique », « Dichterberuf » est à entendre comme la profession des poètes, mais cela à partir de l'appel adressé aux poètes. Les poètes en éprouvant la détresse éprouvent eux-mêmes (l'état poétique) et leur être-requis (*Dichterbe-ruf*). Cela revient à dire que les poètes restent tournés vers l'état et leur vocation de manière telle qu'état et vocation poétiques deviennent pour eux des questions (poétiques) : ils demeurent requis par ces questions, sans pourtant y répondre, sans s'approprier ce qu'est la vocation et l'état poétique. La trace insaisissable des dieux enfuis ou l'éther, le sacré que l'abîme retient, sont ressentis lorsque nous restons sur la trace, lorsque nous restons dirigés vers elle et que nous nous tenons en rapport avec elle : la trace ne se relève pas dans une épreuve qui s'approprierait ce à quoi elle renvoie.

Les « poètes en temps de détresse » doivent poétiser (*dichten*) expressément l'essence de la poésie. Heidegger ne dit pas que la poésie doit s'approprier son essence pour être de la poésie vraie, mais que les poètes doivent accomplir poétiquement leur essence, faire de l'état et de la vocation poétiques des questions poétiques. Où cela advient, nous pouvons augurer un dire poétique qui s'accorde au destin (*Geschick*, l'envoi) de ce temps, c'est-à-dire au rapport à l'être que nous sommes. Nous sommes à même d'écouter le dire de ces poètes, dans la mesure où nous éprouvons historialement cet âge. Éprouver la détresse signifie éprouver que cette époque voile l'être et que ce voilement de l'être est pourtant un rapport à l'être.

Heidegger poursuit en citant le passage d'une lettre de Hölderlin à Böhlendorf, datée du 2 décembre 1802 : « et la lumière philosophique autour de ma fenêtre est maintenant ma joie ; puissé-je garder en mémoire comment je suis venu, jusqu'ici ! » (PP, 328). Hölderlin, commente Heidegger, parvient à un site (*Ortschaft*), qui est une évidence (*Offenbarkeit*) de l'être. Cette évidence, l'être-patent de l'être, est l'entrée de l'éclaircie de l'être dans son empreinte : le domaine de la métaphysique en train de s'accomplir ou de la pensée « poétisante » (*dichtendes*). Ce site appartient au destin de l'être. La poésie pensante de Hölderlin aurait contribué à la frappe du domaine de la pensée « poétisante ». Elle est donc comparée à l'éclaircie (*Lichtung*) de l'être, qui, en tant que domaine de la métaphysique en train de s'accomplir, est entrée en sa latitude propre comme son empreinte. L'éclaircie de l'être devenue empreinte, ou l'évidence de l'être, renvoie l'être à la présence : elle dissimule le retrait primordial de l'être. Bien que l'éclaircie de l'être soit le mouvement de l'arrachement de l'être hors de son retrait, l'empreinte de l'être ne retient que ce que l'éclaircie de l'être présente. L'indigence du temps de détresse tient à la considération de l'être comme présence. Car l'essence de cette indigence du temps est précisément l'oubli du retrait primordial de l'être à l'œuvre dans toute présence.

L'indigence se déploie dans la mesure du retrait de son essence, dans la mesure de l'oubli du retrait primordial de l'être. Le site auquel parvient la poésie pensante de Hölderlin est celui de la métaphysique en train de s'accomplir. Ce site ne retient que ce que l'éclaircie de l'être présente : l'être-patent, l'évidence de l'être. Pourtant, dans le passage cité, le poète énonce le désir de retenir en mémoire comment il est parvenu à ce site. Heidegger cite ce vœu sans le commenter. Le commentaire de Heidegger porte sur ce qu'est le site où le poète parvient, et sur le rapport de ce site à la poésie qui contribue à sa « frappe ». Mais ce qui mène à cette évidence, c'est-à-dire la poésie pensante et l'éclaircie de l'être, retient pourtant le retrait primordial de l'être : il est le mouvement de la présentation même, c'est-à-dire de l'arrachement de l'être hors de son retrait. Le désir de Hölderlin de retenir l'acheminement vers ce site revient au désir de retenir le mouvement de l'arrachement de l'être hors de son retrait, de retenir, pourrait-on même dire, le mouvement de la présentation qui aboutit à l'évidence de l'être.

La poésie pensante, comme l'acheminement qui aboutit à cette évidence, retient (et cèle) aussi le retrait primordial de l'être. Elle retient donc que l'évidence de l'être est aussi son oubli. C'est pourquoi Heidegger, après avoir souligné l'identité de cet oubli et de l'essence en retrait de l'indigence du temps de détresse, revient sur la manière dont il convient d'aborder cette poésie, afin de prendre en considération ce qui est en retrait dans ce à quoi elle aboutit.

La rencontre sur la voie de l'histoire de l'être aujourd'hui

La poésie de Hölderlin parvient à une évidence de l'être à l'intérieur de la métaphysique accomplie. Cette évidence est l'extrême oubli de l'être, l'essence en retrait de l'indigence du temps. C'est pourquoi il ne convient d'aborder sa poésie ni comme un phénomène esthétique, ni à la manière de la science littéraire ou de manière philosophique, et il ne convient pas non plus de faire de la figure du poète un mythe. La seule approche qui convienne et qui est la seule nécessité, est d'éprouver par une pensée sobre le non-énoncé dans le dit poétique. C'est la voie de l'histoire de l'être, voie qui fait entrer la pensée en dialogue avec le dire poétique :

> « Et nous, qui sommes d'aujourd'hui, est-ce qu'un poète d'aujourd'hui nous rencontre sur cette voie ? Rencontrons-

> nous ce poète qu'on traîne si souvent et si prestement dans la proximité de la pensée pour l'étouffer tout aussitôt sous une couche de philosophie irréfléchie ? Mais posons cette question plus précisément, avec la rigueur qui lui est appropriée.
> R.M. Rilke est-il un poète en temps de détresse ? Quel est le rapport de son dire poétique avec l'indigence de l'époque ? Jusqu'où descend-il dans l'abîme ? Jusqu'où le poète parvient-il, une fois posé qu'il va aussi loin qu'il le peut ? » (PP, 329)

La question qui se pose pour nous en tant que nous sommes d'aujourd'hui est de savoir si un poète d'aujourd'hui nous rencontre sur la voie de l'histoire de l'être, ce qui implique que cette histoire est aujourd'hui dans un autre état qu'au temps de Hölderlin. La manière dont Heidegger enchaîne sur cette question après avoir déployé la problématique qui porte sur la juste approche de la poésie de Hölderlin, laisse entendre que dans la poésie de Hölderlin reste un non-énoncé par rapport à nous aujourd'hui. Il demeure pourtant la nécessité d'éprouver ce non-énoncé. La rencontre avec un poète « d'aujourd'hui » sur la voie de l'histoire de l'être pourrait nous indiquer quelque chose aussi sur ce non-énoncé. Car elle nous concernerait en tant que nous sommes d'aujourd'hui.

Qu'un poète d'aujourd'hui nous rencontre, nous qui sommes d'aujourd'hui, sur la voie de l'histoire de l'être, présuppose que nous ne le traînions pas « prestement dans la proximité de la pensée » et que nous ne l'étouffions pas « sous une couche de philosophie irréfléchie ». La pensée sobre ne traduit pas le dit du poème en pensée, au contraire, elle éprouve attentivement ce que ce dit tait, et elle y correspond par son consentement à la nécessité qui requiert d'elle cette épreuve. Ce qui la requiert est ce qui s'y tait, et l'éprouver signifie consentir à son être-requis.

La question si nous sommes à même de rencontrer un poète d'aujourd'hui, posée « plus précisément » et avec « la rigueur qui lui est appropriée » (ibid.), revient à la question de savoir si Rilke est poète en temps de détresse. Or cette question-ci constitue l'articulation rigoureuse de la question si nous le rencontrons sur la voie de l'histoire de l'être. Ainsi la question porte non pas sur la « valeur » – pour ainsi dire – de la poésie rilkéenne, mais sur nous, sur la juste approche. Que la poésie de Rilke soit de la poésie « vraie », qu'elle soit à la hauteur de l'« essence du poète », n'est pas mis en question. Cela est donné dès le départ, au moins pour ceux des poèmes de Rilke qui sont de la poésie qui vaut : « gültig »[38].

L'interprétation comme expérience

D'après Heidegger, Hölderlin a délimité ce qu'est le temps de détresse et ce que ce temps requiert à la fois des poètes « authentiques » et de nous. Le temps de détresse revient au se-donner de l'être sur le mode de son oubli. Ce qu'il requiert (la « seule nécessité » (ibid.)) est l'épreuve du déploiement de l'oubli de l'être que nous sommes ou, autrement dit, le consentement à ceci, que nous sommes requis par le retrait primordial de l'être, d'être le déploiement de son oubli. Poésie et pensée doivent faire cette épreuve dans la mesure qui leur revient. C'est alors que la pensée entre en dialogue historial avec le dire poétique. Où cela advient, l'âge s'accorde à l'indigence qu'il est, et le revirement de la détresse, le salut, devient possible : il parvient à son être-possible. Cependant la mesure selon laquelle nous parvenons sur la voie de l'histoire de l'être n'est pas l'œuvre de la volonté de celui qui éprouve la détresse : elle est le partage de l'être qui lui est donné d'être.

Au rapport à l'être que nous sommes, nous qui sommes d'aujourd'hui, correspond un poète d'aujourd'hui. Ce poète est Rilke. Hölderlin précède Rilke et nous-mêmes historialement. La poésie de Hölderlin a ouvert et contribué à la frappe de la métaphysique en train de s'accomplir. Par contre la poésie de Rilke a trouvé son point de départ dans la métaphysique accomplie. Elle a assumé à sa manière l'ouverture de l'étant figurée dans la métaphysique accomplie. En tant que poésie authentique, elle a éprouvé cette ouverture historialement selon la mesure qui lui revient. Dans la mesure où nous sommes à la hauteur de cette poésie, et à même de l'aborder comme il con-

---

[38] « Le poème authentique (*das gültige Gedicht*) de Rilke se réduit, en un patient rassemblement, aux deux minces volumes des *Élégies de Duino* et des Sonnets à Orphée. » Ibid.

vient d'aborder un poète en temps de détresse, nous parvenons à nous tenir sur la voie de l'histoire de l'être.

L'approche de la poésie en question, son explicitation ou interprétation (*Auslegung*), est la pensée qui rencontre la poésie en son être-requis (par le retrait primordial de l'être) d'être le déploiement de l'oubli de l'être qu'elle est. Cette pensée correspond à l'être-requis que le dire poétique éprouve et à son tour adresse comme question (pour le dire poétique authentique, *Dichterberuf* et *Dichtertum* deviennent des questions poétiques). Il y va donc d'une épreuve du soi comme consentement au propre être-requis. Cette épreuve ressent l'appartenance de l'âge à ce que Heidegger nommera *Geviert* (le Quadriparti) : le rapport à l'être qu'est cet âge. La juste approche de la poésie est la clé pour l'économie du texte : c'est la question de la juste approche qui introduit Rilke et guide le déploiement du texte, à savoir la question de ce qui est requis pour une telle approche. Poésie et pensée sont toutes les deux des interprétations de l'être. Mais interprétation ici veut dire : l'expérience qui correspond à l'appel de l'être en éprouvant le propre rapport à l'être.

De la sorte, dans la première partie de *Wozu Dichter ?*[39] est esquissée une conception inédite de l'interprétation (*Auslegung*[40]) de la poésie. Il reste à examiner d'une part si effectivement, dans l'interprétation qu'il propose de Rilke, Heidegger ne charge pas le poète de la tâche de nous sortir de la métaphysique et de dépasser la détresse. Et d'autre part, il nous reste à examiner si l'interprétation qu'il en propose décode le poème, ou si au contraire elle le rencontre selon la mesure qui lui revient – sur son propre être-requis.

Le devancement historial de Hölderlin posé dès le début comme un fait, soulève cependant déjà quelques doutes. Si dans ce que Heidegger requiert de l'interprétation il n'y va pas simplement d'une décision, d'une appropriation ou d'une présentation du sens, et si vouloir dépasser la détresse est l'extrême détresse, pourquoi donc cette hiérarchie entre les poètes ? Que signifie la supériorité historiale de Hölderlin ? Nous nous réservons d'entamer ce sujet lorsque nous aurons

---

[39] Pages 248-252 de la première édition allemande, 323-329 de l'édition française.

[40] « Wozu Dichter ? », p. 254.

suivi tout le texte et aurons examiné la compatibilité de l'interprétation rilkéenne que Heidegger propose avec ce qu'il esquisse comme la tâche de l'interprétation de la poésie.

2.2. L'explicitation du poème rilkéen

Le poème que Heidegger éclaircit (il emploie ici le mot *erläutern*[41]) n'a pas été publié par Rilke lui-même. Rilke, nous dit Heidegger, mentionne dans une lettre à Clara Rilke, écrite à Muzot le 15 août 1924, ce poème comme « vers improvisés » (PP, 332). C'est un poème sans titre, écrit en juin 1924. Nous citons le poème dans la traduction de Brokmeier :

> Comme la nature abandonne les êtres
> au risque de leur obscur désir et n'en protège
> aucun particulièrement dans les sillons
> et dans les branches,
> de même nous aussi, au tréfonds de notre être
>
> ne sommes pas plus chers ; il nous risque. Sauf que nous,
> plus encore que la plante ou l'animal,
> allons *avec* ce risque, le voulons, et parfois même
> risquons plus (et point par intérêt)
> que la vie elle-même, d'un souffle
>
> plus… Ainsi avons-nous, hors abri,
> une sûreté, là-bas où porte la gravité
> des forces pures ; ce qui enfin nous sauve,
> c'est d'être sans abri, et de l'avoir, cet être,
> retourné dans l'ouvert, le voyant menacer,
>
> pour, quelque part dans le plus vaste cercle,
> là où le statut nous touche, lui dire oui.

Heidegger affirme que l'« imprévu » de ces « vers improvisés », « nous ouvre une vue à partir de laquelle nous pourrons penser plus précisément l'œuvre poétique de Rilke » (PP, 333). Et il poursuit :

---

41 Ibid., p. 255

> « Qu'en vérité un dire poétique puisse être aussi l'œuvre d'une pensée, voilà ce qu'il nous reste encore à apprendre en ce moment historial. Aussi prenons-nous ce poème comme un exercice de méditation poétique » (ibid.).

Ainsi, expliciter ce poème revient à penser l'œuvre poétique (authentique) de Rilke. Mais la manière dont Heidegger décrit l'enjeu de l'approche qu'il va entamer, met l'accent sur le rapport entre poésie et pensée. Ce qui importe donc n'est pas simplement de comprendre et d'expliciter l'œuvre poétique de Rilke, mais d'apprendre comment il convient d'aborder la poésie. L'éclaircissement (*Erläuterung*), l'explicitation ou interprétation (*Auslegung*) heideggérienne qui va suivre, n'offrira pas une interprétation globale des *Élégies* et des *Sonnets*. Elle nous ouvrira tout de même une vue à partir de laquelle nous pourrons penser l'œuvre poétique authentique de Rilke. Ainsi elle nous tracera un sentier descendant vers l'abîme : elle va nous apprendre comment et en quoi le dire poétique rencontre la pensée.

De l'ambiguïté des mots rilkéens

Après avoir cité le poème, Heidegger en décrit la structure. Il le divise en quatre parties (vers 1-5, vers 5-10, vers 10-12, et vers 12-16). Dans la première (vers 1-5), il entrevoit le « thème du poème » (PP, 334) : l'être de l'homme. La comparaison avec les êtres vivants fait ressortir pour Heidegger l'être de l'homme par rapport à celui des « simples „êtres“ (*Wesen*) », c'est-à-dire selon le poème, par rapport à la plante et l'animal. Il renvoie à ce propos à la Huitième Élégie qui nomme aussi « en une même comparaison, les êtres : „la créature“ (*die Kreatur*) ». La comparaison « place les différents dans l'égal, pour rendre visible leur différence » (ibid.). Plante et animal d'un côté, et l'homme de l'autre sont égaux dans la mesure où « ils conviennent dans le Même » (ibid.) : le rapport qu'ils ont, en tant qu'étants, à leur fond. Ce fond qui est le même pour la créature et pour l'homme, est la « nature ». Dans les Sonnets il est nommé « la pleine nature » (ibid.).

Heidegger commence par l'explicitation de quelques mots fondamentaux de la poésie rilkéenne. Comme il l'avait annoncé avant même de citer le poème, il précise la région d'où ces mots ont été prononcés : « l'accomplissement de la métaphysique occidentale ». Ainsi, pour expliciter les mots rilkéens fondamentaux de « nature » (*Natur* dans le vers 1) et de « vie » (*Leben* dans le vers 9), il a recours à Leibniz et à Nietzsche. Il ramène ces mots à l'être pensé métaphysiquement comme l'étant en son entier (comme l'étant en tant qu'il est), et les rapporte à l'être pensé comme « vouloir » – avant même de les aborder dans le poème cité (*Lust* : désir, vers 2, et *wollen* : nous voulons, vers 7). Selon Heidegger les deux mots désignent chez Rilke le fond des étants (le fond commun aux créatures et à l'homme), car ils désignent ce dans quoi les étants conviennent : leur origine. Mais d'après Heidegger les mots choisis pour dire le fond des étants nomment indistinctement le fond qui fonde et l'étant fondé : ils nomment le rapport des étants à leur fond. Or, bien qu'ils nomment aussi l'être qui « commence » et abandonne les étants en les libérant à eux-mêmes, dans ces mots l'être est vu dans la perspective de l'étant en tant que tel.

Du mot « nature » il passe au mot « risque ». Ce mot désigne dans le poème (toujours pour Heidegger) la même chose que la « nature », c'est-à-dire l'être de l'étant pensé métaphysiquement. L'être fonde l'étant en l'abandonnant. L'étant est de par l'abandon de l'être à l'œuvre en lui. L'être qui fonde est son propre retrait, et l'étant est dans la mesure où il est l'être-en-acte de son origine en tant que retrait, l'être-en-acte du retrait du fond qui fonde. Le risque nomme le fond car il nomme l'être, et l'être fonde l'étant ; mais le risque lâche et lance l'étant. Ainsi, le risque nomme le fond comme lancement dans le sans-fond. Que l'étant est signifie qu'il se risque. Il est aussi longtemps et selon la manière qu'il se risque. Le risque nomme le se-tenir de l'étant sur le sans-fond, son se-tenir sur le retrait qui le fait être. Celui qui se risque s'expose au danger. Ainsi le risque nomme la mise en jeu de l'étant (et aussi l'« être-en-acte » de l'étant entendu comme l'étant dans son être) en tant qu'exposition au sans-fond qui le conditionne.

L'être de l'étant est le se-tenir de l'étant au retrait primordial de son propre fondement, son se-tenir sur ce qui de soi-même a toujours déjà été en retrait. Il est l'être-en-acte de l'étant en tant qu'il est au-delà de soi-même. L'étant vient en quelque sorte après le retrait primordial de son origine, de ce qui le fonde, qui le « commence » et le fait être. Pour autant qu'il est, il est l'agir de ce décalage, de cette différence. C'est la différence entre soi-même et l'être qui le fait être ce qu'il est. Pourtant il n'y a pas deux termes qui pourraient constituer cette différence. Il n'y a pas d'un côté l'être et de l'autre l'étant. La différence entre l'être (de l'étant) et l'étant (qui est), est la différence en quelque sorte interne de l'étant dans la mesure où il est. L'étant qui est, est l'agir de cette différence. Il se risque, car son être est originairement en retrait. Se tenir pour autant qu'il est toujours à nouveau hors de soi, revient à s'exposer incessamment au danger de ne pas être (soi-même), se risquer.

Le risque, dit Heidegger, renvoie à la volonté comme être de l'étant. Cette volonté n'est pas la « généralisation abstraite » d'un vouloir psychologique. Au contraire c'est le vouloir psychologique qui devrait être pensé à partir de la volonté comme être de l'étant. Ainsi Heidegger, en rapportant le risque à la volonté de puissance, renvoie ici implicitement à Nietzsche. Plus tard, il établira plus explicitement le rapport entre Rilke et Nietzsche. Rilke pense selon Heidegger la nature métaphysiquement, à partir de l'essence de la volonté. Cependant l'essence de la volonté, dit Heidegger, reste encore en retrait. Or, elle ne reste pas en retrait pour Heidegger : il est à même d'éprouver cette essence qui reste impensée chez Rilke. La suite du texte fraie un autre accès vers l'être pensé métaphysiquement comme risque ou comme volonté : il donne à penser son impensé.

Si l'essence de la volonté reste impensée dans la volonté de puissance ou dans la volonté comme risque, c'est que l'être comme abandon rassemblant n'y est pensé qu'en vue de l'étant, pour son intensification. Lorsque l'être de l'étant n'est conçu que dans la perspective de l'étant, la différence de soi-même qu'est l'étant (la différence selon laquelle il est en jeu), n'est conçue que dans la perspective de l'étant en vue de son intensification. De la sorte, l'être de l'étant pensé comme l'étant dans son être vise à la plénitude de l'étant. Mais l'étant est la différence de soi-même, il se tient sur le retrait de sa propre origine. C'est pourquoi l'être de l'étant pensé métaphysiquement comme volonté, déploie son être comme volonté de volonté. La volonté de volonté est la volonté qui se veut soi-même, mais soi-même en tant qu'au-delà de soi-même. Il s'agit d'un vouloir se dépasser, s'intensifier, en tant que se vouloir soi-même. Dans la volonté, l'être de l'étant et son devenir sont pensés ensemble en une unité originelle. Dans cette unité est celée la différence que l'étant est.

Un autre mot du poème, fondamental pour la poésie de Rilke, est le mot « gravitude » (traduction Brokmeier pour *Schwerkraft*, vers 11). Il désigne l'être des étants, leur mise en jeu en tant que retenus dans et par le retrait (l'abandon) qui les fonde. Or les étants pour autant qu'ils sont, c'est-à-dire pour autant qu'ils pèsent, sont ensemble dans le jeu du risque, c'est-à-dire dans leur être-en-acte, dans l'être. La gravitude est l'« éternel partenaire » (*die ewige Mitspielerin*) dans ce jeu. Comme intermédiaire, elle tient les étants ensemble, elle tient l'un avec l'autre pour autant qu'ils sont. Ainsi les étants se tiennent ensemble, ordonnent un monde, et ce tenir-ensemble a la durée du jeu. Le jeu historial de l'être, l'être des étants et du monde (le *Weltspiel* de l'être) implique l'« avec » qui lie les étants. La gravitude, le rapport auquel l'être retient les étants en se retirant, est le médiateur de leur être-l'un-avec-l'autre.

L'être comme risque abandonne l'étant en le rassemblant sur soi, et c'est ainsi que l'étant est, c'est-à-dire qu'il est risqué. Ce rassemblement est le se-tenir de l'étant au retrait primordial de son origine. En ce que le risque abandonne l'étant et le rassemble, il le maintient en balance (*Wage*). Le terme de *Wage* (la balance) a la même provenance que le mot *Wagnis* (le risque); il nomme originellement la situation où quelque chose peut aller dans un sens ou dans l'autre, la mise en jeu. Le risque, lâchant et lançant le risqué, le maintient et l'investit d'une attirance vers le centre (vers le milieu inouï). Le risqué est ainsi libéré vers un rapport au centre. Dans la mesure où l'être (le risque) maintient l'étant en balance, il le recueille et le reçoit chaque fois toujours à nouveau. Ce « recueillir quelque chose », « se le procurer de quelque part », ce « le laisser venir » est ici nommé « le recevoir » (*es beziehen*)[42].

Ainsi le mot rilkéen « réception » (*Bezug*) désigne l'être pour autant qu'il recueille et maintient l'étant qui est. Pourtant, comme l'être est originairement en retrait, ce maintien est un abandon. C'est pourquoi le mot de « réception », poursuit Heidegger, doit être pensé autrement que comme une relation[43]. Il n'y a pas deux termes qui pourraient constituer les deux pôles d'une relation dans la « réception ». Si le mot rilkéen de *Bezug* connaît aussi le sens de « relation », ce n'est que sur le fond de son sens originaire, à savoir sur celui de l'attirance (de la traction) qui investit tout l'étant d'un trait (d'une traction) et le maintient au sein d'une telle attraction. Penser à partir de cela dans ce mot le sens de « relation », revient à penser un rapport, une relation dont l'un des termes s'absente, et dont l'autre est l'être-en-acte de cet absentement. Ainsi la réception nomme l'être-en-acte de l'abandon rassemblant.

Ces mots fondamentaux de la poésie de Rilke sont pour Heidegger le « Même » (PP, 340) : l'étant comme tel en son entier. Leur ambiguïté est qu'ils nomment à la fois l'être qui donne l'étant (qui le fait être) n'étant lui-même rien d'étant, et l'étant dans son être, l'étant pour autant qu'il est, l'étant comme tel en son entier. Le déploiement de l'être (qui n'est pas) est l'être-en-acte de son absentement, pour ainsi dire, l'être-en-acte de la différence de soi-même en tant qu'il y est originaire- ment en retrait. L'étant est cette différence. Mais parce que dans ces mots cette différence ne reste pensée qu'à partir et en vue de l'étant, elle est conçue comme étant au service de l'étant pour son intensification, pour sa plénitude. La remarque de Heidegger – qu'il ne suffit pas de remarquer cette équivoque, et qu'en elle parle le langage de la Métaphysique

---

42 Brokmeier propose de rendre « es beziehen » et « Bezug » par « percevoir » et « perception ». Bien que la « perception » soit à entendre à partir du « percevoir », ce mot renvoie pourtant à la perception au sens de *Wahrnehmung*. Nous préférons donc le rendre par « recevoir » et « réception » afin d'y faire entendre le sens de l'être qui reçoit l'étant.

43 Le mot de *Bezug* provient du *beziehen*, qui signifie « rapporter », « établir un rapport ». Le mot *Bezug* retient encore ce sens dans la tournure par exemple « in Bezug auf », qui signifie « par rapport à », « relativement ». Cette valeur de *Bezug* n'est pas retenue dans sa traduction comme « réception ».

(ibid.) –, est laissée en suspens par Heidegger. Il reviendra à cette question.

Un autre mot fondamental de la poésie de Rilke est « l'ouvert » (*das Offene*). Il nomme la même chose que l'entière réception à laquelle tout étant est abandonné (PP, 341)[44]. L'« ouvert » rilkéen est ce qui ne borne pas, ce qui est libre de toute borne. Il désigne les êtres risqués pour autant qu'ils sont sans cesse, infiniment, attirés dans l'entière réception, et cela de telle sorte qu'en lui ils soient investis par le poids de la « gravitude », attirés par son retrait primordial, sans y rencontrer aucune limite : non seulement ils ne rencontrent aucune limite venant d'eux-mêmes, non seulement ils se dépassent infiniment dans cette attraction, mais en outre l'un n'y pose aucune limite à l'autre. Il s'agit d'une sorte de fusion illimitée, selon laquelle les étants (les risqués) ne se diluent pas dans le néant mais au contraire sont. Ainsi l'ouvert désigne-t-il l'être pensé comme l'étant dans son être.

Parce que l'ouvert nomme l'être de l'étant vu dans la perspective de l'étant, on pourrait dire qu'il nomme « le clos, le non-éclairci, ce qui continue de passer dans l'illimité de sorte qu'il ne saurait faire rencontre ni avec quelque chose d'inhabituel, ni avec quoi que ce soit » (ibid.)[45]. L'ouvert nomme le sans-borne en son tout, qui recueille l'aller-au-delà-de-soi-même des étants, n'étant pourtant pas soi-même quelque chose ; et en même temps il nomme la totalité des recueillements de l'aller au-delà de soi-même de chaque étant. Il nomme ainsi l'être des étants et les étants en leur entier et est, « comme tout nom métaphysique », ambigu.

L'ouverture, au sens du non-retrait de l'étant qui le laisse venir en présence comme étant ; l'ouverture qui, comme

---

[44] Du mot rilkéen de « l'ouvert », comme nous l'avons vu dans l'introduction de cette partie, il a été aussi question dans le cours sur Parménide que Heidegger a donné durant l'hiver 1942-1943 (GA 54, p. 225-240). Ce même mot rilkéen est repris, toujours contre l'« ouvert » de Hölderlin, dans Hölderlins Hymne « Der Ister » (GA 53, §15). Savoir si le sens que Heidegger y reconnaît est légitime, comment il décide du sens des mots fondamentaux, ce qui dans la poésie de Rilke justifie sa décision, etc., sera examiné seulement après un démontage du texte. C'est pourquoi nous nous contentons ici de suivre (et d'analyser) le déploiement de ce texte.

[45] Traduction légèrement modifiée.

arrachement hors du retrait, fait se déployer l'étant comme tel ; l'ouverture qui n'est rien d'étant mais est l'« il y a » de l'étant, qui est sa présentation (sa venue en présence), l'ouverture n'est pas entendue dans le mot de l'ouvert. Heidegger semble donc suggérer que si l'être, en tant qu'il n'est rien d'étant, était entendu dans le mot de l'ouvert, ce mot nommerait alors l'exposition de l'étant au rien (d'étant) qui le fait être, au rien (d'étant) qu'il est. L'être, conçu comme l'étant en son entier, est le rien d'étant qui travaille pour l'intensification de l'étant. L'étant va s'intensifiant dans l'ouvert puisque l'être y est pensé comme étant à la disposition de l'étant. L'ouvert est donc le grand tout infini du fonds à disposition de l'étant et de son intensification. Dans la mesure où l'étant ne questionne pas (et ne consent pas à) cette différence qu'est l'être comme tel, il la confisque en quelque sorte.

La détresse de l'être, comme le mot allemand *Not*, désigne à la fois la détresse et la nécessité. Cette nécessité est notre destin, qui devrait être conçu en deçà du pessimisme et de l'optimisme. Ici Heidegger suggère que, parce que l'être n'y est pas interrogé explicitement (parce que ces mots rilkéens sont ambigus), l'être tend à s'y confondre avec l'étant en son entier. Mais c'est l'être même qui requiert son omission. Ces mots avec leur ambiguïté nomment l'événement de l'être. Ils disent la dé-position de l'être : sa venue et son retrait primordial. Ils disent la suspension de la présence qui nous fait être. C'est ceci qu'il s'agit alors d'éprouver en rencontrant Rilke.

Le rapport des étants à l'Ouvert rilkéen

Le risqué appartient à l'ouvert dans la mesure où il demeure dans la réception pure (*reinen Bezug*). Or, nous dit Heidegger, pour Rilke à l'ouvert appartiennent les « choses de grande habitude » (PP, 342) ; et l'homme n'en fait pas partie. La *Huitième élégie de Duino* chante précisément le rapport différent des animaux et de l'homme à l'ouvert, qui, toujours selon Heidegger, réside dans les différents degrés de conscience. Cette différenciation est pour lui un trait courant de la métaphysique moderne depuis Leibniz.

Heidegger cite alors une lettre de Rilke écrite dans la dernière année de sa vie[46]. Dans cette lettre, Rilke écrit que le degré de conscience de l'animal le place dans le monde, alors que « nous » les hommes, nous posons le monde en vis-à-vis et nous nous tenons devant lui à cause de « la tournure et élévation qu'a prise notre conscience » (PP, 343). Par l'ouvert, Rilke n'entendait pas le ciel, l'espace, l'air, car eux aussi peuvent être des « objets » pour un contemplateur et donc peuvent être opaques. Par contre l'animal, la fleur, « sont tout cela sans s'en rendre compte » (ibid.). Ils ont de la sorte devant eux cette liberté indescriptiblement ouverte, et qui pour l'être humain n'a d'équivalents (momentanés) que « dans les premiers instants de l'amour, lorsqu'un être humain découvre dans l'autre sa propre immensité, et dans l'exaltation vers Dieu » (ibid.).

Être dans le monde, comme le sont la plante et l'animal, signifie être impliqué dans les rapports de la réception pure. De manière inconsciente, « au niveau des tendances et des poussées » (ibid.), ils s'insèrent dans l'ouvert, dans le tout de l'étant. La plante et l'animal appartiennent de par leur propre nature à l'ouvert. Leur être se déploie de telle manière qu'aucune limite ne se heurte à leur « être-soi-même et hors-de-soi-même », à leur aller-par-delà-soi-même. Ils s'abandonnent à leur devenir dans un acquiescement total. Leur être, comme incessant autodépassement, leur incessante fugacité, se déploie librement, sans rencontrer de borne. Il n'en va pas de même pour l'homme. Car sa conscience pose des limites dans son devenir.

Dans la mesure où l'ouvert désigne l'être de l'étant comme l'étant en son entier, chaque étant l'est selon son propre mode d'être. Ainsi, il y a des étants aliénés dans leur être et des étants qui sont pleinement ce qu'ils sont. La conscience de l'homme, dont l'essence (nous dit Heidegger) est pour la métaphysique moderne la représentation, sépare l'homme de l'ouvert. Le mot français « représenter » traduit ici le *vorstellen* et non pas le *darstellen*. Il a ainsi le sens de pro-poser et non pas celui de « rendre présent ». Le monde est objectivé par la conscience, il est posé devant l'homme comme étant l'objectif. C'est pourquoi

[46] Lettre du 25-2-1926 ; cf. Maurice Betz, *Rilke in Frankreich. Erinnerungen – Briefe – Dokumente*, Reichner, Wien, 1938, p. 289.

dans la lettre de Rilke il est dit que l'homme est « devant le monde ». Avec la représentation de la conscience, « l'instance et l'obstance des objets vont croissant. Plus la conscience est élevée, plus l'être conscient est exclu du monde » (PP, 344). L'homme n'habite pas immédiatement dans le courant (*Zug*) et le souffle de la pure réception.

Selon l'interprétation de Heidegger, le monde est objectivé par la conscience de l'homme : il est posé devant l'homme comme étant l'objectif. Ainsi, l'homme devient le sujet qui impose ses pro-positions. L'ouvert ou la réception devient objet. Dans la mesure où l'ouvert est pro-posé comme objet, il se tient détourné de l'homme. Puisque l'ouvert reçoit les étants qui ne rencontrent aucune limite dans leur être, l'homme ferme son accès à l'ouvert. L'homme essaie de se retenir et de se poser contre son devenir. Le devenir de l'homme, l'être-en-acte de son être, est un incessant aller par-delà-soi-même. Ainsi l'homme qui pro-pose le monde essaie de se retenir. Il veut se rendre maître de lui-même et du monde qu'il pose comme l'objectif. Il dispose le monde pour son propre usage et se produit pour lui-même la nature (PP, 345-346).

Heidegger concentre dans ce passage une longue liste de verbes et de substantifs dérivés de *stellen* (qui signifie poser, mettre, placer). On y trouve donc *Herstellen*, *bestellen*, *Vorstellen*, *umstellen*, *ausstellen*, *herausstellen*, *sich herausstellen* et *aufstellen*. D'autre part on y trouve des mots provenants du verbe *stehen* (se tenir debout) : *Stehen*, *Stand*, *Gegenstand*. Le mode d'être de l'homme, et par conséquent aussi son rapport au monde, semble donc être régi par un « poser » qui installe (fait se tenir debout). Il est remarquable que dans cette famille de dérivés du *stellen* manquent les mots *darstellen* et *Darstellung*. Nous reviendrons plus tard sur cette question, après avoir abordé l'essence de la technique et de la détresse de l'être que Heidegger appelle le *Ge-stell*[47].

La production ou pro-position (*Herstellen*) est ce qui ici est nommé volonté – toujours pour Heidegger. Il s'agit du produire (*her-stellen*) au sens de l'imposition volontaire (ou dé-

47 A ce sujet voir aussi une lecture d'autres textes de Heidegger qui soulève cette question dans Lacoue-Labarthe, « Typographie », op. cit.

libérée selon la traduction de Brokmeier, *vorsätzlichen*) de l'objectivation. Un trait fondamental de ce comportement qui est nommé volonté est le « faire venir quelque chose devant soi de telle sorte que l'ainsi proposé détermine à tous les égards, en tant que préalablement représenté, tous les modes de la production » (PP, 346). La plante et l'animal ne veulent donc pas, puisqu'ils ne font pas venir devant eux l'ouvert comme objet. En revanche l'homme est celui qui veut, au sens indiqué. C'est pourquoi pour Heidegger le poème dit que l'homme va « avec » le risque. Vouloir est d'ailleurs le verbe qui suit immédiatement dans le vers que Heidegger cite cette fois en entier : « Sauf que nous,/ plus encore que la plante ou l'animal,/ allons *avec* ce risque, le voulons… » (PP, 347).

La volonté comme auto-imposition et l'essence de la technique

L'homme moderne s'impose dans tous les rapports avec ce qui est et avec lui-même (ibid.). Il s'impose comme celui qui produit et établit par là sa domination inconditionnée. Le monde apparaît ainsi comme une réserve d'objets. Ce monde est remis à et commandé par la production qui s'impose, et ainsi il est soumis à son commandement. Le vouloir comprend en lui le commandement. L'imposition volontaire domine le tout de la production et l'objectivité du monde en une unité inconditionnée et donc complète. Dans cette domination s'annonce le caractère impératif de la volonté. Heidegger suggère ici que cette « mauvaise » volonté appartient tout de même à la volonté de volonté et annonce le caractère impératif de cette dernière, faisant ainsi venir au jour son essence. On pourrait donc dire que Heidegger semble ici reprocher à Rilke de ne pas discerner ce qui dans la volonté de volonté a trait à ce caractère impératif.

Pour le vouloir qui convient à la conscience de l'homme moderne, tout étant, qu'il soit le monde ou l'homme, devient exploitable en vue des buts proposés. Que le monde soit un fonds à la disposition du commandement humain, relève d'un processus qui advient depuis l'essence occultée de la technique. C'est à l'époque moderne que cette essence commence à se déployer comme destin de la vérité de l'étant en son entier. La vérité de l'étant en son entier à l'époque moderne se révèle comme volonté de volonté, ce qui revient à un vouloir se dépasser qui est un se vouloir soi-même. Dans la volonté de volonté l'être est pris pour l'étant en son entier : il est pris comme fonds à la disposition de l'étant et de son intensification. Le destin de la vérité de l'étant en son entier dans la modernité est la manière dont l'être s'y donne. La technique relève de l'être de l'indifférenciation de l'être avec l'étant en son entier, de l'avoir-lieu de la disposition de l'être comme fonds pour l'étant. Elle revient à la différence selon laquelle la vérité de l'étant en son entier s'historialise.

La technique, la science moderne, l'état totalitaire et le marché mondial

La science moderne, l'état totalitaire et les moyens pour l'organisation de l'opinion publique mondiale sont pour Heidegger des conséquences inévitables du déploiement de l'essence de la technique. Il est sans doute notable que l'état totalitaire y soit comparé sans plus à la science moderne. Ce texte (comme d'ailleurs toute l'explication de Heidegger avec Nietzsche) a été écrit juste après la guerre ; guerre dans laquelle Heidegger s'est engagé auprès de l'extrême droite avant d'être déçu par le mouvement. Ainsi, ce texte contient aussi une explication implicite avec le nazisme. Dans la mesure où pour Heidegger chez Rilke l'être reste pensé comme volonté de volonté (que ce soit dans l'ouvert, la « gravitude » ou le risque), et parce que cette volonté perce à partir de l'essence de la technique, Heidegger semble imputer à Rilke une soumission à la technique et implicitement donc aussi à l'« état totalitaire ».

La mise du réel à la disposition de l'étant communique avec l'utilisation et la fabrication des « machines ». Celles-ci sont un instrument qui sert à ce que le réel soit « commis » (*bestellt*), c'est-à-dire soit utilisé pour l'étant ou objectivé. L'objectivation du monde et la subjectivation de l'homme, en tant que ce dernier est l'étant qui pleinement peut être, ou l'étant en vue duquel le réel est censé être, est une conséquence de la technique.

Aux conséquences de la technique Heidegger ajoute le marché mondial. L'étant produit est l'étant dont l'être est dévoilé comme fonds. Pour autant que son être est dévoilé comme fonds, il est mesurable dans sa valeur pour des buts proposés. Ainsi, les produits sont délivrés dans le marché mondial. Or, dans la mesure où les choses ne sont conçues que comme fonds, elles perdent même leur caractère d'objet. De plus, elles ne sont pas même considérées comme étants, car leur étantité n'apparaît pas. La choséité des choses se dilue dans le processus de la production.

Le dévoilement du réel comme fonds, l'avoir-lieu de sa « commission » (*Bestellen*), est l'être de l'homme qui le requiert comme « commettant ». Dans la mesure où l'homme ne prend pas en considération cet être, il devient fonction du « commettre » et, à la limite, devient lui-même fonds pour le commettre. Son « intensification » n'est ainsi qu'un effréné commettre dans lequel l'homme perd son humanité et ne s'expose nulle part à son être.

Jusqu'à présent Heidegger semble garder une distance critique envers Rilke, en cela que, pour Heidegger, Rilke n'a pas pu voir que c'est la volonté comme être de l'étant qui met l'être à la disposition de l'étant et le pense à partir et en vue de l'étant comme son intensification. Selon Heidegger cette volonté confisque la différence qu'est l'être. La technique en son essence est l'avoir-lieu de la mise à disposition de l'être au service de l'étant. Technique et volonté de puissance reviennent ainsi au même : l'être tel qu'il se donne dans ce que Heidegger nomme « Métaphysique ».

Le péril

Tout étant est alors selon Heidegger pensé dans le poème de Rilke comme risqué en un vouloir. Ainsi tout étant, comme risqué, n'est pas abrité. Pourtant le mode et le degré du risque varient selon le mode du vouloir. La plante et l'animal sont risqués dans un « obscur désir » (vers 2). Par là, ils ne sont pas « spécialement abrités » (PP, 344). Ils se risquent, mais ce risque est tel qu'ils peuvent être insérés dans l'Ouvert. Par contre l'homme qui représente et produit, risque de perdre « ce qui lui est propre » (PP, 352) dans la production absolue. L'essence de l'homme est en péril. Or ce péril tient au rapport de l'être à l'homme.

Le rapport de l'être à l'homme est tel que l'homme, tout en étant, se tient détourné de son être. Il ne rencontre pas son être. Il est à partir du dévoilement du réel comme fonds, mais, détourné de ce dévoilement, il commet de manière effrénée le réel comme fonds : il est « le fonctionnaire de la technique » (ibid.). Ainsi l'homme est, « en un sens essentiel, menacé, c'est-à-dire : en besoin d'abri, tout en restant, tout aussi essentiellement, sans abri » (ibid.). Il est séparé de l'Ouvert.

La technique est l'installation de l'être de manière telle que son déploiement le mette en péril. Si l'être est le risque, s'il est l'être-en-acte de la possibilité d'aller dans un sens ou dans l'autre (cf. le mot *Wagen*), s'il est l'infinie réouverture de cette possibilité et son infinie venue pour qu'elle demeure possible et non pas commise, le péril qui pèse sur l'être de la technique est radical. Il est le péril que l'être cesse d'être cette possibilité, qu'il ne soit plus l'infinie réouverture de cette possibilité mais son commettre. La séparation de l'ouvert nomme ce déploiement de l'être qui se fait contre lui-même. Elle désigne non seulement la manière dont est un étant (l'homme qui veut) mais elle désigne aussi un mode dont l'être même se déploie.

L'« opinion » que le péril pourrait être évité à condition que la production soit accompagnée ou dirigée par des valeurs, par exemple pacifiques et d'intérêts telle la croyance religieuse ou la fuite vers les dieux de la Grèce antique, ressortit à ce vouloir qui menace l'homme. Car elle se détourne de l'être de la technique, elle se détourne du dévoilement du réel comme fonds, et se met à commettre le réel comme fonds, bien que ce soit avec de bonnes intentions ou de bonnes valeurs. Ce qui menace l'homme est l'opinion selon laquelle « l'homme mettra le monde en ordre, alors que c'est précisément ce „mettre en ordre" qui nivelle, dans l'uniformité de la production tout ordo, c'est-à-dire tout rang, détruisant ainsi par avance le domaine de possible provenance d'un rang et d'une connaissance [*Anerkennung :* reconnaissance] à partir de l'être » (PP, 354). Le péril qui menace l'essence de l'homme tient donc à l'être qu'il est : il tient au vouloir et à la technique en tant que modes de déploiement de l'être, et non pas à l'usage que l'homme fait de sa volonté – ou de la technique.

Le danger et le salut

L'essence de la technique est alors ambiguë. Elle est le dévoilement provoquant du réel comme fonds. Ainsi, elle est un mode de déploiement de l'être, un dévoilement selon lequel a lieu ce qui s'y dévoile. Or, elle empêche l'épreuve de sa propre provenance, elle empêche l'épreuve du dévoilement qu'elle est. La technique se déploie comme l'omission de sa provenance qui provoque un illimité devenir-fonds de tout étant. C'est « la nuit du monde », la menace d'un « hiver sans fin » (PP, 355).

Dans la nuit du monde, le monde est privé de salut (*heil-los*). Le sacré (*das Heilige*) reste en retrait, et même la trace du sacré, c'est-à-dire pour Heidegger le « sauf » (*das Heile*), paraît effacé. « A moins qu'il n'y ait encore quelques mortels capables de voir l'absence de salut en tant qu'absence de salut, dans toute sa menace » (ibid.). Alors il faudrait qu'ils puissent voir le péril. Ce péril concerne « l'essence de l'homme en son rapport avec l'être même » (ibid.) et est en retrait dans l'abîme. Or, il faut qu'ils « atteignent plus vite à l'abîme ». Heidegger réintroduit ici la problématique tirée de Hölderlin telle qu'elle s'est déployée dans la première partie. Il cite encore les vers de Hölderlin du poème *Patmos* (Hölderlin, 4, 190) : « Mais où est le péril, là/ Croît aussi ce qui sauve ». La « salvation » (*Rettung*), précise Heidegger, doit venir seulement de là où est le danger, toute autre salvation est encore « désastre » (*Unheil*).

Si quelques mortels pouvaient voir l'absence de salut – et du sacré – en tant qu'absence de salut dans toute sa menace, alors l'ambiguïté du sacré apparaîtrait. Dans la mesure où le salut (le sacré) est présent et absent, et que donc il n'est ni simplement présent ni simplement absent, dans la mesure où il est une présence absentée ou une absence présentée, voir l'absence de salut (et du sacré) en tant que telle dans sa menace revient à voir dans le salut (le sacré) la possibilité immanente de son absence. L'absence alors de salut (du sacré) apparaîtrait comme le menaçant, c'est-à-dire comme une possibilité immanente, une possibilité qui reste possible, ouverte.

Cette menace serait le péril qui concerne l'essence de l'homme en son rapport avec l'être même. Le rapport à l'être qu'est l'homme, c'est le péril. C'est pourquoi lorsque ce péril n'est pas vu comme tel, l'homme ne rencontre pas son être ; il le dispose pour lui. Mais c'est seulement du côté de ce péril que le salut peut venir. Le salut doit venir « du côté où se dessine un tournant qui fasse virer jusqu'en leur essence les mortels » (PP, 356). Alors le salut doit venir de l'ambiguïté du déploiement de l'être : il doit venir de ce point où tel retournement des mortels jusqu'en leur essence, c'est-à-dire jusqu'en leur rapport à l'être, devient possible. Ce point est devant les possibilités diverses du déploiement de l'essence des mortels. C'est pourquoi le tournant peut être vu comme tel, c'est-à-dire comme un pivot par rapport à un autre déploiement possible. Voir le tournant, c'est voir son être comme la possibilité d'être de telle ou telle manière. Ainsi ce qui sauve est de voir le péril qui concerne le rapport de l'homme à l'être (l'être de l'homme) comme la possibilité immanente et ouverte de ce rapport même. Or, le salut dont il est question n'est pas un détournement de la situation de l'exposition au danger, il n'est pas le contournement du danger non plus. Le salut revient à la contiguïté de l'être (sauf) de l'homme au péril qui pèse sur l'être. La contiguïté du salut et du péril revient à dire que l'un n'est pas exempt de l'autre, que l'un ne peut pas être sans l'autre, sans pour autant dire l'un avec l'autre dans une sorte de synthèse non plus.

Si les mots fondamentaux de l'œuvre poétique authentique de Rilke peuvent nous servir de jalons dans le sentier descendant vers l'abîme, c'est qu'ils sont ambigus, « comme tout nom métaphysique ». Ces mots avec leur ambiguïté nomment l'événement de l'être qui se donne sur le mode de son omission. Maintenant, avec ce passage sur l'essence de la technique, le péril, le danger et le salut, il devient encore plus clair que ce n'est pas un contournement du danger qui est requis, mais au contraire l'épreuve de la technique, l'épreuve du rapport à l'être qu'est l'homme en temps de détresse.

Ceux qui consentent le plus

Heidegger introduit la suite du poème en demandant s'il y a des mortels qui atteignent plus tôt à l'abîme de l'indigence. Ceux-ci, « ceux qui atteignent plus tôt à l'abîme », sont les « plus mortels des mortels » : ils sont « les plus risqués » (ibid.). Les vers en question sont les suivants :

> « (…) Sauf que nous,
> plus encore que la plante ou l'animal
> allons *avec* ce risque, le voulons, et parfois même
> risquons plus (et point par intérêt)
> que la vie elle-même, d'un souffle
> plus… » (ibid.).

En lisant ces vers d'un seul tenant, il devient clair que toute l'analyse de Heidegger, qui entrevoit en eux la différence comme il dit « infinie » entre l'être de l'homme et celui de la plante et de l'animal, n'est fondée que sur un « avec » (« allons *avec* ce risque »), et plus précisément sur sa mise en italique. Il est vrai que dans d'autres poèmes comme la huitième *Élégie de Duino* où il est question de l'ouvert rilkéen, la différence entre l'homme et l'animal due au différent degré de leur conscience est explicite.

Celui qui risque « plus que le risque », celui qui est « plus étant que l'être de l'étant » (ibid.), accomplit pour ainsi dire un surplus de risque, qu'il ne peut récupérer pour lui-même : il consent à ce que le risque (ou l'être) ne soit pas à sa disposition, il consent à ce que le risque le précède. Cet homme qui risque plus que l'être (le fond de l'étant) et s'aventure jusqu'à l'abîme, risque son fondement même. Qu'il le risque signifie qu'il le laisse mis en jeu de telle sorte que les possibilités du péril et du salut s'ouvrent. Il se risque alors jusqu'au point où se déploie l'ambiguïté essentielle de son être, jusque là où péril et salut paraissent comme des possibilités toujours ouvertes de l'être. Il consent ainsi à ce que le risque soit l'être même et qu'il ne dépende pas de ses décisions et de ses choix.

Ceux qui risquent plus que le risque devancent le commettre du réel comme fonds dans le vouloir en tant qu'auto-imposition de l'homme. Ils consentent à la volonté de laquelle le vouloir de l'auto-imposition se détourne. Cette volonté est le péril qui pèse sur l'être, en tant qu'inhérent à l'être. En comprenant son auto-imposition comme provenant de la volonté comme être de l'étant, l'homme laisse cette volonté être. Il dessaisit sa volonté dans la volonté comme être de l'étant.

Heidegger pose ensuite la question suivante : qui sont les plus consentants qui risquent plus ? Il avoue que le poème ne répond pas expressément à cette question, toutefois il entrevoit dans les vers 8-11 du poème quelque chose sur ceux qui risquent plus, bien que cela y soit formulé « sous forme de négation et de manière vague » (ibid.). Nous rappelons qu'il s'agit de ces vers : « (...) et parfois même/ risquons plus (et point par intérêt)/ que la vie elle-même, d'un souffle plus... ». Heidegger se contente ici de remarquer que cette allusion « ne nous laisse pas savoir qui sont les plus risquants ». Immédiatement après, il poursuit la lecture du poème. Il ne reviendra sur ce vers qu'après avoir explicité tout le reste. C'est précisément ce vers, laissé pour l'instant en suspens, qui se révélera crucial pour l'économie du poème, car c'est lui, comme nous allons le voir, qui dit l'« épreuve de l'abîme » que fait Rilke. Ceux qui risquent plus, déduit Heidegger, ne risquent pas par intérêt pour leur propre personne : ils ne cherchent pas à acquérir un avantage ni à satisfaire leur amour-propre. Car ils ne risquent que peu de choses en plus : ils sont d'un souffle seulement plus en danger. « Leur „plus" de risque est aussi humble qu'un souffle, fugitif et imperceptible » (ibid.).

La sûreté de l'être sans abri

Les vers 10 à 12 concernent, poursuit Heidegger, ce qui nous apporte ce risque ultime. Le risque qui s'aventure au-delà (*hinauswagt*) de l'être de l'étant nous crée (*schafft uns*) une sûreté. Cela ne signifie surtout pas une nouvelle production ou la mise en place d'une protection là où elle manque. Heidegger recourt à l'étymologie du mot sûreté (*Sichersein*) : *securus, sine cura*, qui signifie : sans souci. Il précise que « le souci a ici le caractère de l'auto-imposition délibérée sur les voies et avec les moyens de la production inconditionnée. Sans souci, nous ne le sommes que si nous n'érigeons pas notre être exclusivement dans la sphère de la production et de la commande, de l'utile et du protégeable » (ibid.). En dehors de l'objectivation qui nous détourne de l'ouvert, en dehors de tout abri, ne comptant ni sur le défaut d'abri ni sur un abri érigé dans et par le vouloir, nous trouvons la sûreté.

La sûreté dont il est question dans le poème est donc en dehors de toute relation ou de toute référence à un abri. Les vers 12-13 disent : « (…) ce qui enfin nous sauve [*birgt* : nous mène en sûreté et en ce sens nous sauve],/ c'est d'être sans abri (...) ». L'entière réception reste fermée pour l'homme qui veut. En pensant à partir de sa clôture, nous finissons, toujours selon Heidegger, par apprendre ce qui dès le début nous décharge du souci qu'apporte l'auto-imposition. L'être sans abri nous accorde une sûreté et nous sauvegarde dans la mesure où son aversion contre l'ouvert est renversée.

Ce qui nous accorde la sûreté, selon la suite du poème « c'est d'être sans abri et de l'avoir, cet être,/ retourné dans l'ouvert, le voyant menacer ». Le « et » du vers, précise Heidegger, nous dit de quelle manière il est possible que notre être sans abri nous accorde la sûreté. Il faut avoir vu l'être sans abri non pas comme un danger contingent mais comme *le* péril, comme ce qui menace de faire perdre à notre essence sa co-appartenance à l'ouvert. Dans cet avoir-vu réside l'avoir-retourné notre être sans abri dans l'ouvert : il ne s'agit pas de retourner notre être chaque fois que nous le sentons menacer. Au contraire, il faut l'avoir déjà retourné en tant que tout en son essence.

Les derniers vers du poème sont les suivants : « (…) de l'avoir, cet être/ retourné dans l'ouvert, le voyant menacer,/ pour, quelque part dans le plus vaste cercle [*im weitsten Umkreis*] / là où le statut [*das Gesetz*] nous touche, lui dire oui ». Pour Heidegger, Rilke, en parlant le langage de la métaphysique, appelle cette complète intégrité de l'étant « l'être ». C'est ce sens que Heidegger va d'abord délimiter par rapport au sens « originel » de l'être de l'étant.

L'être de l'étant a été pensé originellement eu égard à l'encerclement. L'étant, l'*εόν* des *εόντα*, de l'étant en entier, « se nomme l'*Εν*, l'un unissant » (PP, 361). L'*εόν*, l'étant, poursuit Heidegger, signifie le présent dans le sans retrait. Dans le présent est en retrait l'instauration du décèlement qui laisse le présent se déployer comme présent. Mais véritablement présent (*eigentlich anwesend*) est seulement le déploiement du présent (*das Anwesen*) même.

Ainsi, originellement l'être de l'étant serait pensé comme sphère non pas dans le sens d'un rassemblement du tout et d'une circonvolution, mais comme « l'unité unissante de la déclosion éclaircissante » (PP, 362). En renvoyant aussi à Parménide qui nomme l'*εόν* « εὔκυκλος σφαίρη », Heidegger dénomme la sphère comme l'orbe d'où émane l'éclaircie. Originellement alors, la sphéricité serait à penser à partir de l'être au sens du présent qui se déclôt. D'une telle conception de la sphère, Heidegger croit que non seulement il n'y a aucun repère chez Rilke, mais en outre il pense que la manière dont Rilke conçoit l'être va tout à fait contre une telle « hypothèse ».

Il renvoie ainsi à une lettre de Rilke qui parle de la « sphère de l'être ». Il s'agit d'une lettre du 6 janvier 1923 où Rilke écrit que la vie a une face comme la lune, qu'elle détourne constamment de nous, face qui est son complément pour la complétude de la sphère de l'être. Ainsi, conclut Heidegger, Rilke pense la sphéricité à partir de l'étant, au sens de la somme totale de toutes ses faces. Il y va alors de la sphère de l'étant en son entier, de l'ouvert comme le clos des forces pures qui débouchent l'une dans l'autre de manière illimitée dans une sorte de fusion. Ainsi au « plus vaste cercle » du vers 15 du poème correspond, nous dit Heidegger, « le milieu inouï » de la gravité pure.

L'affirmation de la mort comme acquiescement à l'étant en son entier

Le renversement de l'aversion contre l'ouvert reviendrait donc pour Rilke à la somme totale (*Vollzähligkeit*) de toutes les faces de l'étant. Ce renversement aurait lieu dans la mesure où l'ensemble de l'étant serait affirmé. Pour une telle affirmation, il faudrait que la totalité du pourtour de l'étant soit complète et égale. Or, le « pourtour le plus vaste » devrait être pro-posé (*vorliegt*) comme tel, il devrait être un « positum » (ibid.). À cela ne peut correspondre qu'une position, et non une négation. Les côtés de la vie détournés de nous devraient être pris positivement. Heidegger cite une autre lettre de Rilke du 13 novembre 1925 où il est dit que la face de la vie détournée de nous est la mort. Mais la mort appartient au tout de l'étant « en tant qu'autre face » (PP, 364). Le « royaume des morts », Rilke le nomme l'« autre réception ». Il signifie l'autre face de l'entière réception de l'ouvert, celle qui, parce qu'elle est détournée de nous, paraît comme le négatif. Pourtant, pensée sous l'horizon du pourtour le plus vaste de l'étant, la mort n'est pas négative.

Aussi, l'être sans abri paraît comme négatif vu à partir de l'ouvert, dans la mesure où il est la séparation de la pure réception. L'auto-imposition de l'objectivation veut la constance des objets produits et ne les laisse valoir que comme étants et comme positifs. L'auto-imposition de l'objectivation technique est « la constante négation de la mort » (ibid.). « Par cette négation, la mort devient elle-même quelque chose de négatif ; elle devient le nul et le non-constant par excellence » (ibid.). Lorsque cependant nous « tournons l'être sans abri dans l'ouvert », nous le tournons « vers le cercle le plus vaste de l'étant, à l'intérieur duquel nous ne pouvons qu'acquiescer à l'être sans abri » (ibid.). C'est ainsi que « se tourner vers l'ouvert » comme le poème de Rilke le formule, c'est, nous dit Heidegger, renoncer à lire négativement ce qui est. Il évoque pour cela encore une fois une lettre de Rilke (du 6 janvier 1923) où il est dit qu'il s'agit « de lire le mot de „mort" sans négation » (ibid.). Dans la mesure où la mort serait affirmée, l'étant affirmerait la volonté comme être de l'étant, c'est-à-dire la volonté qui déploie le risque comme essentiel et non pas comme contingent : la volonté qui est ce risque même. Le péril de ne pas pouvoir récupérer en soi son être est alors compris comme essentiel à l'être, et le vouloir de l'auto-imposition se met en mouvement comme volonté de volonté. Heidegger arrive ainsi au dernier vers du poème : « là où le statut (*Gesetz*) nous touche, lui dire oui ». Ce qui nous touche n'est pas une loi ou une règle. Toucher (*Anrühren*), dit Heidegger, signifie « mettre en mouvement » (PP, 365). Dans ce toucher « notre vouloir est é-mu de telle sorte qu'alors seulement l'essence du vouloir vient au jour et se met en branle » (ibid.).

En vertu de son consentement à la détermination de l'être comme volonté, la situation de l'être sans abri est comprise par ceux qui risquent plus comme ne devant pas être contournée mais affirmée. Ce péril qu'est l'être sans abri est compris comme appartenant à l'ouvert. Le péril que l'homme court par son auto-imposition est le péril qu'est son être même. C'est ainsi que l'homme consentant à la volonté de volonté risque le suprême péril, qu'il risque le risque même, qu'il risque l'être, comme Heidegger l'avait annoncé en explicitant les vers 8 et 9 du poème (« et parfois même/ risquons plus (et point par intérêt) / que la vie elle-même »). Ce risque est le risque que l'être soit identifié à l'étant. Mais l'être se manifeste comme l'étant en son entier. Or celui qui risque le risque est ramené au point où se déploie l'ambiguïté de l'être, à savoir : qu'il se donne comme l'étant bien qu'il soit la différence de l'être avec l'étant. Que ce risque n'ait pas à être contourné tout en étant vu comme le péril essentiel, désigne l'être dans son équivoque fondamentale : il est le péril et ce qui sauve, l'indécidable des deux possibilités, leur être-en-acte en tant que possibles.

L'espace du cœur

La question que pose Heidegger après avoir explicité ainsi la dernière strophe du poème est : comment ce renversement (*Wenden*) de l'être sans abri est-il possible ? Pour répondre à cette question, il faudrait d'abord déterminer l'essence de l'être sans abri. L'être sans abri consiste en l'objectivation qui réside dans l'auto-imposition délibérée. Le vouloir de l'auto-imposition chez Rilke revient selon Heidegger à la conscience de l'ego cogito de Descartes. Celle-ci est pour Heidegger la sphère de la production représentante et a le caractère du calcul. Cette représentation ne connaît rien de visible (*Anschauliches*). L'auto-imposition délibérée place devant l'image visible la proposition de ce qui n'est que fiction calculée (*gerechneten Gebildes*). Heidegger renvoie ici à une phrase tirée d'un vers de la neuvième *Élégie de Duino* pour dire que la technique « est un faire sans image » (ibid.).

De cela Heidegger conclut que, parce que l'être sans abri est l'aversion contre l'ouvert, c'est-à-dire l'objectivation qui ressortit à la sphère invisible et intérieure de la conscience, « alors la sphère essentielle de l'être sans abri est l'invisibilité et l'intériorité de la conscience » (PP, 367). D'emblée, le renversement de l'être sans abri est un retournement de la conscience à l'intérieur de sa sphère. Pour trouver son « être propre », l'être sans abri doit se tourner vers le plus intérieur de l'intérieur.

Le renversement de la séparation avec l'ouvert serait un retournement de cette conscience sans en être son contournement : un retournement vers ce dont elle provient, vers le plus intérieur de l'intérieur de cette sphère. Ce plus intérieur, dit Heidegger, serait pour Rilke la logique du cœur que Pascal a découverte presque en même temps que Descartes a découvert la logique de la raison calculante. La dimension du cœur selon Pascal non seulement serait plus intérieure et plus invisible que celle de la conscience, mais elle porterait en outre plus loin que la région des objets productibles. « Ce n'est que dans l'intimité invisible du cœur que l'homme est enclin à aimer : les aïeux, les morts, l'enfance, ceux qui vont venir » (ibid.). Heidegger explicite ainsi le plus vaste cercle dont parle le poème de Rilke (vers 15), bien que dans ce poème il n'y soit pas question de cœur. Il cite encore un vers de la neuvième *Élégie de Duino :* « Dans le cœur me naît une existence surnuméraire » (PP, 368)[48]. Il s'agit, précise Heidegger, comme dans le cas de la sphère de la conscience, d'une présence immanente. Pourtant, poursuit-il, la présence qui ressortit à l'espace du cœur a dépassé toute limite. En lui toute présence a dépassé le numérique du calcul, et peut ainsi « s'épancher dans le tout sans entraves de l'ouvert » (ibid.).

Le visible, l'image, ce qui apparaît, renverrait à la déclosion, au venir à la lumière de ce qui apparaît, chose qui reste étrange, opaque et fermée pour la conscience. Il en va de même de la dimension encore plus intérieure à la conscience, la dimension du cœur. Celle-ci désigne la provenance essentielle de la sphère de la conscience, la provenance essentielle de toute cette famille de mots dérivés du *stellen* et du *stehen*. C'est la dimension où toute chose consent à son incessant passer par-delà soi-même dans une sorte de fusion surabondante qui serait aussi la dimension de l'amour (PP, 367). Il s'agirait de la sorte d'un

[48] « Überzähliges Dasein entspringt mir im Herzen » (« Wozu Dichter ? », p. 282).

dénudement de la subjectivité et de l'excès de l'existence sur toute ipséité. Néanmoins il s'agirait aussi, nous dit Heidegger, comme dans le cas de la sphère de la conscience, d'une présence immanente. Cet espace du cœur est nommé par Rilke « espace intérieur du monde » (*Weltinnenraum*). Mais alors « mondial » signifie l'entier de l'étant. Ainsi Rilke resterait pour Heidegger dans la métaphysique moderne, c'est-à-dire dans la subjectité « en tant que sphère de la présence intérieure et invisible » (ibid.).

Par subjectité (*Subjektität*), Heidegger n'entend pas la subjectivité d'un sujet conscient (*ego cogito*) à laquelle correspondrait le vouloir de l'auto-imposition qui représente, produit et « objectivise » le monde pour soi. À l'intérieur de la sphère de la conscience représentante, plus originelle qu'elle, la sphère du cœur nommerait la volonté comme être de l'étant, volonté à partir de laquelle le vouloir de l'auto-imposition veut, tout en se détournant d'elle. Dans la dimension du cœur, l'être serait pensé à partir et en vue de l'étant, comme son *subjectum*, son fondement. C'est en ce sens que Heidegger dit que l'être reste pensé par Rilke dans la sphère de la subjectité (PP, 369). Heidegger emploie le mot de *Präsenz* et non pas celui de *Anwesenheit* (qui est le mot qu'il utilise ailleurs pour désigner la présence) pour souligner que la présence y est pensée comme immanence et non pas au sens « originel » du déploiement du présent. Selon Heidegger, Rilke n'interroge pas comment ce qui est présent de manière immanente vient à la présence, ou comment sa présence se déploie : il ne questionne ni le temps essentiel ni l'espace essentiel – qui forment ensemble l'unité originelle de l'espace-temps qu'est le déploiement de l'être même. Il ne se demande donc pas ce qu'est l'avènement de l'être ou, autrement dit, ce qu'est l'événement de l'être selon lequel l'étant présent se présente, c'est-à-dire selon lequel il a lieu.

La transformation des choses

Ce retournement de la conscience est « une recordation » (PP, 370) (*Er-innerung :* remémoration), une intériorisation donc de l'immanence des objets de la représentation dans la présence

(*Präsenz*) à l'intérieur de l'espace du cœur. *Er-innerung* signifie « souvenir », mais écrit avec un tiret il fait aussi entendre l'intériorisation. Cette intériorisation retrouve (au sens de la remémoration) les choses représentables mais de telle manière qu'elles appartiennent sans limites à la présence immanente de l'ouvert. Il s'agit donc d'une transformation des choses vers l'intériorité et l'invisibilité.

Cette transformation remplace la caducité des choses fictives, des objets calculés. Les choses posées dans et par notre conscience en objets, ne sont produites que pour l'usure (*Vernutzung*) et sont à chaque fois remplacées après usage. Ce qui demeure, ce qui persiste, ce qui reste dans la présence (*Präsenz*) des objets n'est pas leur se-reposer-pour-soi dans leur propre monde. Ce qui demeure (*das Beständige*) des choses produites comme objets pour l'usure, est le remplacement (*Ersatz*). *Bestand* signifie aussi le stock, ce qui est « à la disposition de… ». Il provient aussi du *stehen*. Autrement dit, ce qui constitue l'immanence des choses n'est pas ce qu'elles sont en elles et pour elles. Parce qu'elles ne sont conçues que comme stock à la disposition d'autre chose, ce qui persiste en elles, ce en quoi consiste leur présence immanente, c'est leur remplacement après usure pour servir à un nouvel usage.

La sûreté (*Sichersein*) de notre essence exige un sauvetage des choses hors de leur objectivité. Heidegger cite encore une lettre de Rilke du 13 novembre 1925 où celui-ci écrit que « …notre tâche est de nous empreindre si profondément, si douloureusement et si passionnément de cette terre provisoire et fragile, que son essence ressuscite invisiblement en nous. Nous sommes les abeilles de l'invisible. Nous butinons éperdument le miel du visible, pour l'accumuler dans la grande ruche d'or de l'Invisible » (PP, 371).

L'intériorisation-remémoration (*Er-innerung*) transforme les choses et nous transforme, en nous orientant vers l'espace du cœur dont notre volonté représentante et productrice provient. Ainsi, bien qu'il ne soit pas question de la dimension du cœur et de la transformation des choses dans ce poème, Heidegger en explicite la dernière strophe en la situant dans un contexte rilkéen plus élargi.

Plus risquants d'un souffle

Heidegger a donc lu en entier le poème de Rilke à l'exception d'un point dont l'explicitation a été laissée en suspens. Il se trouve dans les vers 7-10 du poème : « (…) et parfois même/ risquons plus (et point par intérêt)/ que la vie elle-même, d'un souffle plus… ». C'est ensuite ce « d'un souffle plus… » que Heidegger abordera lentement. Il posera une série de questions dont la réponse mènera progressivement au point qu'il considère comme central dans l'économie du poème. Bien qu'il n'en soit pas explicitement question dans le poème, dans la phrase qui précède le « d'un souffle plus », il y va pour Heidegger de la langue. Ceux qui risquent plus que la vie, consentent selon lui au risque qu'est la langue.

Le poème, remarque Heidegger, tait la réponse à la question de savoir ce que risquent les mortels qui risquent plus. C'est pourquoi, poursuit-il, « nous essayons, en pensant, d'aller à la rencontre (*entgegenzukommen*) du poème ; à notre aide nous appelons d'autres poèmes » (PP, 372). C'est la première fois dans ce texte qu'Heidegger évoque son propre geste dans l'approche du poème ; et il le fait exactement dans les même termes que ceux employés dans ce que nous avions appelé la « première partie » du texte : il y va d'une rencontre (là il était question de « *begegnen* »[49], ici d'« *entgegenkommen* »). Il s'agit ici comme là de rencontrer le poème en pensant (*denkend*).

Heidegger formule finalement ainsi la question : « qu'est-ce qui pourrait être risqué encore, qui serait plus risquant que ne l'est la vie elle-même, c'est-à-dire plus risquant que l'être de l'étant ? » (PP, 372). Le risqué devrait concerner tout étant dans la mesure où il est étant. De telle nature, nous dit Heidegger, est l'être « qui n'est pas un genre spécial entre autres, mais la guise de l'étant comme tel » (ibid.). Le salut n'est pas une échappatoire mais la contiguïté de l'être (sauf) de l'homme avec le péril qui pèse sur l'être. Le danger est l'être même, qui est le risque qu'il soit pris pour l'étant en son entier.

Ceux qui risquent plus que la vie, c'est-à-dire, selon l'explicitation heideggérienne du mot rilkéen « vie », plus que le

---

49 « Wozu Dichter ? », p. 252.

risque, risquent l'être même. Or il semble que le plus grand risque dépasse en danger l'être de l'étant. Mais si l'être « est le genre unique et singulier de l'étant » (ibid.), il ne pourrait être surpassé, poursuit Heidegger, que par lui-même, « uniquement par son propre, et cela de telle sorte qu'il entre expressément en son propre (*in sein Eigenes eigens einkehrt*) » (ibid.).

Bien que selon Heidegger, Rilke, dans des mots tels que le « risque », pense l'être métaphysiquement comme l'étant en son entier, pour Heidegger, le plus grand risque n'est pas tant la confusion de l'étant avec l'être mais la possibilité toujours ouverte qu'il soit pris pour l'étant en son entier (la possibilité toujours ouverte du péril et du salut). Il y va ici de l'être qui donne l'étant tout en restant en retrait dans cette donation. Que l'être se surpasse revient à dire qu'il entre en son propre. Mais ce n'est rien d'étant, c'est pourquoi la transcendance de l'être sur lui-même ne va nulle part mais reflue sur elle-même. Elle reflue dans l'essence (*das Wesen*) de sa propre vérité. L'essence de la vérité de cette transcendance, le propre de l'être, est l'agir d'une différence. L'être est l'agir de cette transcendance qui ne mène nulle part, l'être-en-acte de la différence qui donne l'étant, qui fait être l'étant, sans être lui-même quelque chose.

Risquer le risque est mettre en jeu cette différence qu'est l'être, consentir à la transcendance qui ne mène nulle part, au « plus » qu'il est. Ainsi, parce qu'à l'être appartient un tel « plus » (« mehr »), même là où l'être est pensé comme risque (c'est-à-dire pour Heidegger comme l'étant en son entier), peut régner (*walten*) un plus risquant que l'être, « dans la mesure où nous avons l'habitude de nous représenter l'être à partir de l'étant » (ibid.). En pensant cela, nous éprouvons que dans l'être il y a un tel « plus », « faisant partie intégrante de lui » (ibid.) et nous y consentons.

> « L'être mesure lui-même toute l'étendue de ce reflux et en est lui-même la dimension. (…) L'être mesure, en tant que lui-même, son enceinte, qui est enceinte (*τέμνειν*, *tempus*) par cela qu'il se déploie dans la parole. La parole est l'enceinte (*templum*), c'est-à-dire la demeure de l'être. L'essence de la langue ne s'épuise pas dans la signification ; elle ne se borne pas à la sémantique et au sigle. Parce que la langue est la demeure de l'être, nous

> n'accédons à l'étant qu'en passant constamment par cette demeure. Quand nous allons à la fontaine, quand nous traversons la forêt, nous traversons toujours déjà le nom „fontaine", le nom „forêt" (...). Pensant à partir du temple de l'être, nous pouvons présumer ce que risquent ceux qui parfois risquent plus que l'être de l'étant. Ils risquent l'enceinte (*Bezirk*) de l'être. Ils risquent la langue. » (PP, 373)

La langue a d'abord le sens du faire-paraître avant de faire paraître ceci ou cela. Elle est le dévoilement du paraître de l'étant, sa manifestation. Elle est la délimitation de ce dévoilement, son avoir-lieu : la juste mesure de l'être dans son déploiement. La sémantique de la langue est rendue possible par la langue même en tant qu'elle fait paraître. Or, il y a une ambiguïté essentielle dans la langue. Elle est dévoilement et elle désigne, c'est-à-dire fait paraître tel étant. En tant que dévoilement, elle est sa propre condition de possibilité : la condition de possibilité de la sémantique. Mais dans la sémantique, le dévoilement primordial tend à s'identifier à la désignation de tel étant. Pourtant, en tant qu'elle est ce dévoilement primordial qui en se dérobant rend possible la langue comme système de désignation, il y a dans la langue un excès sur elle-même : elle se rend possible et, tout à la fois, contourne ce qui la rend possible.

Ce dévoilement primordial n'est pas le dévoilement de quelque chose, mais le dévoilement comme tel, c'est-à-dire la possibilité de la manifestation, qui est possibilité pour autant qu'elle ne soit pas donnée. Ce qui vient de la langue elle-même et la rend possible se retire dans ce qu'elle donne. Ainsi, le dévoilement croît avec sa soustraction du donné, se suspendant dans ce qu'il rend possible. L'excès sur elle-même qu'est la langue, la soustraction de ce qui d'elle-même la rend possible dans ce qu'elle rend possible (en elle-même), désigne la langue comme risque. Ceux qui risquent la langue éprouvent son indécidabilité : ils éprouvent que le dévoilement n'est pas seulement un faire-accéder à la présence, qu'il est aussi la suspension de la présence selon laquelle l'étant accède à l'apparaître. Ils consentent donc à ce qu'elle soit essentiellement risque, et que ce risque soit le retrait selon lequel elle se donne. Ils consentent à l'excès par lequel la langue devient possible, à savoir au surplus qu'elle est sur elle-même.

L'Ange

Parce que l'homme a la parole à l'intérieur de l'être frappé métaphysiquement (*metaphysisch geprägten Seins*), il prend la parole (*Sprache*) comme un avoir (*Habe*) et ainsi comme une possibilité (*Handhabe*) de sa représentation (*Vorstellen*) et de son comportement (*Verhalten*). « C'est pourquoi le *λόγος*, le dire comme Organon, a besoin d'organisation par la logique. Ce n'est qu'à l'intérieur de la Métaphysique qu'il existe une Logique » (PP, 375). Selon le poème rilkéen, lors du renversement, l'homme est touché par le « statut » que Heidegger a explicité comme le « statut de l'entier espace intérieur du monde ». Il est donc touché (é-mu : *berührt*) en son essence : il est touché en ce que, sous le mode du vouloir (comme se-voulant), il est déjà le disant (*der Sagende*). Mais parce que ce renversement provient de ceux qui risquent davantage, poursuit Heidegger, ceux-ci doivent s'exposer au risque de la parole.

Dans ce qui suit, Heidegger, en analysant le plus grand risque dans le poème rilkéen, sort du poème cité et le situe dans le contexte qui, selon lui, lui convient. Il part d'abord du présupposé que ce dire renversant doit impliquer une *adresse*, et que ce à quoi tel dire est adressé doit être à la hauteur de ce dire : à la hauteur de ce qui risque le dire. Or, la langue est l'enceinte de l'être et donc rien n'est en dehors de la langue. La question qui se pose pour Heidegger est donc, vers où ce dire peut-il parler, comment le risque qui risque la langue peut-il avoir lieu, s'il n'y a rien en dehors de la langue ?

Parce que le dire de ceux qui risquent plus concerne le renversement à partir de l'« unification sauvegardante » des deux régions, de la conscience et du cœur, il parle dans la mesure où cette unité est déjà accomplie. Il faut donc qu'il s'adresse à un être (*Wesen*) qui gouverne et fait paraître le « plus vaste cercle ». Cet être (*Wesen*) dans les *Élégies de Duino* est l'Ange. Heidegger fait ainsi allusion aux *Élégies de Duino*, et plutôt à la première de ces *Élégies* qui commence par une invocation aux

Anges (qui ne sont pas les anges chrétiens), sans pourtant évoquer le fait que cette invocation reste sans réponse. L'Ange est pour Heidegger encore un nom fondamental de la poésie de Rilke, qui pense l'être comme l'étant en son entier. Il cite le fragment d'une lettre du 13 novembre 1925 où Rilke écrit que l'Ange est la créature (*Geschöpf*) en laquelle la transformation du visible en invisible est déjà accomplie, qu'il est l'être (*Wesen*) « qui se porte garant pour reconnaître dans l'invisible un rang plus élevé de réalité » (ibid.). Ainsi, si le dire recordant doit s'adresser à lui pour se réaliser, c'est que c'est grâce à lui que le dire recordant peut reconnaître le plus vaste cercle. Heidegger suggèrera par la suite que l'Ange rilkéen est métaphysiquement le Même que la figure (*Gestalt*) nietzschéenne de Zarathoustra, et que le rapport à un tel être fait partie de l'être de l'étant pensé à partir de l'essence de la subjectité (PP, 375-376).

Parce que le poème de Rilke pense l'être comme risque (*Wagnis*), et parce que, comme nous l'avons vu, Heidegger rapporte le risque (*Wagnis*) à la balance (*Wage*), c'est-à-dire à la situation « où quelque chose peut aller dans un sens ou dans l'autre » (PP, 337), chaque étant, et donc aussi l'Ange, doit pouvoir se préciser dans la perspective du risque et de la balance. La plante et l'animal sont sur la balance de telle sorte que celle-ci s'équilibre toujours à nouveau. Le risque dans lequel ils sont plongés n'atteint pas encore, nous dit Heidegger, la région de l'inquiétude (*Ungestillten*) essentielle. L'Ange reste aussi en dehors de l'inquiétude non pas parce qu'il n'appartient pas encore à sa sphère, comme la plante et l'animal, mais parce qu'il n'y appartient plus. « L'Ange déploie son essence à partir de la quiétude apaisée de l'unité équilibrée des deux régions, à l'intérieur de l'espace intime du monde » (PP, 376).

En revanche, l'homme qui s'impose délibérément se met en danger autrement : il est menacé en son essence « à l'intérieur de la vibration de l'argent et des valeurs » (PP, 377). La balance du péril reste essentiellement inapaisée dans les mains de l'homme. Tout devient pour lui marchandise, il est « le marchand » (ibid.). Grâce au danger essentiel qui le menace, l'homme a aussi la possibilité de « puiser une sûreté » en tournant l'être sans abri comme tel vers l'ouvert. Lorsque cela arrive, l'inquiétude de l'être sans abri passe alors « du côté où, dans l'unité équilibrée de l'espace intérieur du monde » paraît la créature « qui fait resplendir (*zum Scheinen bringt*) le mode sur lequel cette unité unit, représentant (*repräsentiert*) ainsi l'être. Alors, la balance du péril passe du domaine de la volonté calculante aux mains de l'Ange » (ibid.). L'homme a ainsi la possibilité de faire paraître l'Ange. Et l'Ange représente (*repräsentiert*) l'être. Il est à noter que Heidegger emploie le mot *repräsentiert* et non pas *darstellt* (mot que, comme nous l'avons vu, il a jusqu'à présent évité). Le mot *repräsentiert*, comme le mot *Präsenz* (au lieu d'*Anwesenheit*) renvoie à la présence comme immanence. Si l'Ange représente ainsi l'être, c'est qu'il représente l'être pensé comme l'étant en son entier.

Nous pourrions dire que l'Ange incarne en quelque sorte l'être pensé comme l'étant en son entier. L'ange revient à la coïncidence, pour ainsi dire, de l'étant avec l'étant en son entier : le renversement de la séparation avec l'ouvert en appartenance au plus vaste cercle. Appartenir au plus vaste cercle revient aussi à retourner au point où se déploie l'ambiguïté essentielle de l'être.

L'Ange est pour Heidegger un mot fondamental de l'œuvre poétique de Rilke, bien qu'il soit ambigu, comme tout nom métaphysique, ainsi qu'il l'a déjà répété plusieurs fois. Comment comprendre l'insistance récurrente de Heidegger sur cette ambiguïté ? Cette question est décisive pour saisir la lecture de Rilke par Heidegger, mais aussi pour savoir ce qu'il entend par « explicitation » (*Auslegung*) de la poésie. Toute notre lecture a en vue cette question. Mais pour y répondre, il nous faudra d'abord faire une parenthèse sur la *Gestalt*, le *Gestell*, la détresse de l'être et la subjectité, en traçant un parcours à travers certains textes de Heidegger. Ensuite, nous reviendrons à *Wozu Dichter ?* et au « souffle plus risquant », ce vers laissé en suspens, pour aborder finalement la question directrice de ce travail.

Petite esquisse de la Gestalt en tant qu'issue de la subjectité

Heidegger consacre de longues analyses à la volonté comme être de l'étant dans *Nietzsche 1* et *Nietzsche 2*[50]. Le parallèle qu'il établit entre Rilke et Nietzsche nous mènera alors à ces textes.

La volonté comme être de l'étant, ainsi que la volonté comme auto-imposition délibérée – c'est-à-dire la subjectivité de l'ego cogito de Descartes – est issue de la subjectité, au sens où l'être y reste pensé comme le *subjectum* qui est au fondement de tout étant. La subjectivité de l'ego cogito de Descartes est issue de la subjectité, car l'être y est au fond pensé comme représentéité dans et par la conscience qui vise à la mise en sécurité de l'étant, et qui par là est son fondement[51]. La volonté de puissance ou volonté de volonté, bien qu'elle rompe avec l'objectivation et la représentation de la conscience comme fondement de la vérité, pense l'être de telle manière que dans son unité originelle avec le devenir, elle constitue l'étant en sa totalité. Cette unité de l'être et du devenir est la volonté de puissance en tant que telle, c'est-à-dire la volonté d'aller au-delà de soi-même en tant que volonté qui se veut soi-même. La volonté d'aller au-delà de soi-même se résout dans sa propre loi. La volonté résolue dans sa propre loi forme la figure (*Gestalt*) de la volonté de puissance. La figure de la volonté de puissance est l'étant en sa totalité, car en elle l'étant est pensé à partir du *subjectum* qui se tient en son fondement. C'est la *Gestalt* qui constitue l'étant, qui lui accorde son sens et qui est l'étant en son essence. Cette essence est pensée comme l'étant en sa totalité, c'est-à-dire l'étant tel qu'il coïncide avec lui-même.

---

[50] Martin Heidegger, *Nietzsche 1*, trad. Pierre Klossowski, Gallimard, Paris, 1971, et Martin Heidegger, *Nietzsche 2*, trad. Pierre Klossowski, Gallimard, Paris, 1971.

[51] Martin Heidegger, « Contribution à la question de l'être », trad. Gérard Granel, *Question 1*, Gallimard, Paris, 1968, p. 213 : « (…) la subjectité (non la subjectivité) de l'être humain en tant que fondement pour l'objectivité de tout *subjectum* (de tout étant-présent) (…) », p. 214 : « Dans quel sens apparaît l'être, s'il s'agit de la sécurité de l'étant? Dans le sens de ce qui est toujours fixable, c'est-à-dire représentable. Descartes, qui comprenait l'être ainsi, trouva la subjectité du *subjectum* dans l'*ego cogito* de l'homme fini ».

Elle est pensée comme le se-montrer de l'étant en son entier. Tout étant est comme empreint de son caractère, au sens où l'étant est pensé comme la représentation de sa présence, représentation dans laquelle elle devient présente. Alors, l'être y est pensé comme l'étant en sa totalité. C'est en ce sens que dans *Wozu Dichter ?* l'Ange est pensé comme *Gestalt.*

Dans la *Gestalt* qu'est l'Ange, pour Heidegger l'être n'est pas pensé comme la transcendance qui rend présent l'étant, il n'y est pas non plus pensé au sens de Descartes comme le fixable, le représentable qui vise à la mise en sécurité de l'étant. Pourtant, il y est pensé comme issu de la subjectité au sens où l'homme qui accède à l'Ouvert, l'homme consentant à la volonté de puissance qui est l'unité originelle de l'être et du devenir, est au fondement de tout étant. Ce n'est pas tout simplement l'homme, pensé comme le sujet, qui est le fondement de tout étant, mais l'homme en tant qu'il consent à la volonté de puissance.

Le rapport à l'Ange

Dans *Wozu Dichter ?*, Heidegger avait posé deux questions qui selon lui ne pouvaient apparaître « qu'à partir d'une explication plus originaire de l'essence de la subjectité » (PP, 376). Nous avons déjà examiné l'une, à savoir « jusqu'à quel point l'essence de l'Ange rilkéen, en respectant toutes les différences de contenu, est métaphysiquement le Même que la figure (*Gestalt*) de Zarathoustra » (ibid.). Il nous reste donc à découvrir « jusqu'à quel point le rapport à un tel être fait partie de l'être de l'étant » (ibid.). Cette question aussi doit être abordée à partir de l'essence de la subjectité.

Par le consentement de l'homme à la volonté de puissance, la volonté de puissance devient en propre ce qu'elle est, c'est-à-dire non pas simple devenir, mais l'affirmation du devenir en tant qu'être, et l'affirmation de l'être en tant que devenir. Par là, le devenir se contient pour ainsi dire par sa propre loi, il devient sa propre loi dans une unité. Cette unité n'est pas pensée comme transcendance mais comme « rescendance » donatrice de sens qui par là se tient au fondement de tout étant comme *subjectum.* Dans les termes que Heidegger emploie dans

Nietzsche 1, du moment où par le consentement de l'homme à elle, la volonté de puissance se montre comme telle, elle prend forme, *morphè*. Dans cette forme, l'étant tel qu'il est en son entier, « se re-présente (*sich dar-stellt*), se rend „public", se met à briller et parvient au pur éclat de l'apparaître »[52].

Dans le cadre de *Wozu Dichter ?*, cela advient lorsque l'homme transforme le monde objectivé en l'invisibilité du cœur et accède ainsi à l'ouvert. Les Anges en revanche ont déjà accompli cette transformation. Dans l'Ange comme *Gestalt*, l'étant se rend présent en son entier. En lui l'être est pensé comme présence. Il est le passer par-delà soi-même au suprême degré, mais en tant que résolu dans sa propre loi. Il fait apparaître l'étant en sa totalité, l'étant tel qu'il coïncide avec lui-même en tant qu'aller par-delà soi-même. Il tient la balance entre l'acte de passer par-delà soi-même et sa loi. De la sorte il se situe dans la liberté face aux opposés extrêmes, dans la décision qui présuppose certes la séparation des contraires, mais dans une unité[53].

Toujours dans les termes du *Nietzsche 1*, Heidegger écrit à ce propos que pour autant que notre essence est le passer par-delà soi même, le Beau est « le prototype de notre essence. (…) Il est ce qui détermine en nous notre comportement et notre pouvoir, pour autant que dans notre essence nous exigeons de nous-mêmes un suprême degré, c'est-à-dire lorsque nous passons par-delà nous-mêmes »[54]. Dans le Beau règne l'équilibre entre le passer par-delà soi-même et la loi, c'est-à-dire qu'y règne la forme, la *morphè :* « Là où la forme règne comme suprême simplicité de la loi la plus féconde, là, c'est l'ivresse »[55]. « L'ivresse est la lumineuse victoire de la forme »[56], où ivresse n'est autre chose que le passer par-delà soi même.

Que l'Ange soit *Gestalt* signifie qu'il est la rescendance qui se tient au fondement comme *subjectum*, qu'il est la transcendance renversée en rescendance par laquelle sa présence (la

---

52 Heidegger, « La volonté de puissance en tant qu'art », *Nietzsche 1*, op. cit., p. 112.

53 À ce propos cf. « Le grand style », ibid., p. 109-116.

54 Ibid., p. 106-107.

55 Ibid., p. 112.

56 Ibid., p. 113.

présence de la figure de l'Ange) se déploie dans la représentation de sa puissance. Or, si le dire renversant doit se dire à l'Ange pour pouvoir accéder à l'Ouvert, c'est parce qu'il doit déployer en lui sa présence, il doit la re-présenter, il doit devenir sa forme en laquelle règne le Beau. L'Ange « entre en scène (*erscheint*) » (PP, 377) seulement au moment où l'homme accède à l'Ouvert (au moment où le *dire* renversant a lieu). Inversement le dire renversant accède à l'Ouvert pour autant qu'il se dit à l'Ange.

Dans la mesure où nous nous approprions notre essence, nous représentons l'essence de l'Ange. Autrement dit, dans la mesure où le dire renversant est l'acte de transformation, il est forme, *morphè*, en quelque sorte frappée (*geprägt*) par la *Gestalt* de l'Ange. Ou encore, pour autant que le dire renversant est forme, il représente en lui la *Gestalt* de l'Ange. Par la confrontation aux Anges, l'homme est touché en son essence de telle sorte qu'il se met en mouvement en tant qu'aller au-delà de soi-même. Il entreprend alors le renversement de la conscience en invisibilité du cœur. Il n'aspire donc pas à un dépassement de son aliénation, mais tente d'affirmer l'essence manquée de son aliénation à même celle-ci. De la sorte, la transformation du visible en invisible y est pensée comme l'acte même de la transformation, et non pas comme une sorte d'installation dans l'espace du cœur à la place de la conscience. La transformation a sa condition dans la conscience aliénée, elle doit commencer par elle pour atteindre son essence par la transformation.

Pour pouvoir aborder mieux le rapport du dire renversant à l'Ange à partir de l'essence de la subjectité, ainsi que Heidegger le requiert, nous allons de nouveau faire référence à *Nietzsche 1*, où Heidegger fait allusion au rapport du Beau au sublime, et cela eu égard à la *Gestalt.*

Il renvoie alors à la première *Élégie de Duino* de Rilke. Dans « la Volonté de puissance en tant qu'art », dans le chapitre « L'ivresse en tant que force créatrice de la forme », bien qu'indirectement, il subordonne le sublime au beau[57] :

[57] A ce propos cf. Lacoue-Labarthe, « La vérité sublime », in : *Du sublime* (collectif), Belin, Paris, 1988, p. 116.

> « Ce qu'il y a de décisif réside alors dans la vision anticipatrice, en quelque sorte exorcisante, de ces traits, dans le fait d'agripper cela même dont nous présumons que nous puissions en venir à bout, ce devant quoi nous puissions tout juste subsister. Et c'est là ce mouvement vers le Beau pour le saisir que, dans un sens absolument nietzschéen, la Première Élégie de Rilke nomme :
> „… Car le Beau n'est rien que le Commencement du Terrible, que tout juste nous supportons, et nous l'admirons tel, parce qu'il néglige avec dédain de nous détruire".
> Créer, par conséquent, c'est faire ressortir les traits principaux selon une vision plus simple et plus forte, un dernier degré de subsister devant la loi suprême, une manière de la dompter et, à cause de cela, suprême allégresse d'en avoir surmonté le danger »[58].

Le terrible est dans la tradition un mot pour le sublime. Le sublime est alors défini par rapport au Beau, comme l'excès du Beau (le beau est le commencement du terrible), excès qui revient au défaut du Beau : ces vers de Rilke se réfèrent aux Anges. Les Anges sont pour nous le terrible pour autant que nous n'avons pas approprié notre essence. Quand le dire renversant atteint notre essence, il atteint celle des Anges qui, dès lors, ne nous apparaissent plus comme terribles. Le dire renversant, pour autant qu'il devient forme, rend présent la *Gestalt* de l'Ange en tant que volonté de puissance. Dans cette forme règne le Beau.

Ainsi, le Beau y serait pensé comme l'essence du sublime. La confrontation avec le terrible (avec le sublime), met en mouvement l'entreprise de l'appropriation de notre essence qui revient à l'appropriation de l'Ange en tant que *Gestalt.* Ce « mouvement vers le Beau pour le saisir » reviendrait pour Rilke à la transformation de l'objectivation de la conscience calculante en invisibilité du cœur. Dans la mesure où l'acte de la transformation déclenchée par le sublime y est pensée comme fondée sur « l'unité originelle de l'„être" et du devenir », (dans la mesure où en elle les contraires, soit l'acte de passer par-delà soi-même et ce que soi-même est, se trouvent domptés), le

58 Heidegger, *Nietzsche 1*, op. cit., p. 110.

sublime y est pensé comme ce qui mobilise l'appropriation du beau. C'est ainsi que la transformation qu'est le dire remémorant qui se dit à l'Ange, le poème, revient à imprimer au devenir le caractère de l'« être » en tant que rescendance.

Petite esquisse de la détresse de l'être en tant que Ge-stell

La métaphysique pense l'être comme l'étant en sa totalité. Dans la figure de la volonté de puissance, pour autant qu'en elle « être » et devenir sont pensés ensemble dans une unité originelle, l'étant s'approprierait son essence. Dans la figure de la volonté de puissance, l'étant en sa totalité apparaît comme tel. Mais la métaphysique ne pense pas cet « apparaître comme tel » de l'étant. Là où l'étant comme tel est pensé, il y a déjà l'être. Dans l'apparaître comme tel de l'étant, l'étant « s'essencifie » (*west*), il déploie son être, il effectue son « être ». Pourtant, l'être n'y est pas pensé comme tel ; l'être y est pensé à partir et dans la perspective de l'étant, comme condition pour la consistance et l'intensification de l'étant.

La métaphysique ne pense pas l'être en tant que tel, bien qu'en elle, en tant qu'« essencification » de l'étant (en tant qu'effectuation de l'étant en tant que tel dans son être) l'être est. Dans « l'étant en tant que tel » posé par la métaphysique, sont pensées la *quidditas*, l'*essentia* (l'essence de l'étant) et l'*existentia* (le mode selon lequel la volonté de puissance est) ; elles y sont pensées ensemble, dans la transcendance transformée en rescendance à partir de laquelle l'étant est connu comme tel. Mais la différence entre l'*essentia* et l'*existentia* demeure impensée. La métaphysique passe à côté du fait que l'étant est de telle manière que l'être comme tel y demeure impensé. Parce que dans la métaphysique il n'en est *rien* quant à l'être même, elle est pour Heidegger l'« authentique nihilisme »[59].

Cependant l'être n'est pas omis dans la métaphysique, il s'y essencifie en tant que demeurer-manquant. Or, l'être même est ce demeurer-manquant. La détresse de l'être, son demeurer-manquant, n'est donc pas simplement une omission de l'être. L'être ne se tient pas quelque part pour soi, de telle manière

---

[59] Heidegger, *Nietzsche 2*, op. cit, p. 277.

qu'en se l'appropriant, sa détresse serait surmontée. En ce sens, l'être n'est pas. Il n'est pas un en-face pour soi, qui pourrait venir ou se détourner de l'homme. L'être est aussi l'être de l'homme, dans son demeurer-manquant. L'être est le non-étant, le Tout-autre que l'étant, le Néant, qui pourtant n'est pas rien, mais qui appartient à la présence. L'étant, pour autant qu'il est, « est Lieu-tenant du „Néant" » : l'étant « tient, pour le tout autre que l'étant, le lieu libre, de sorte qu'il puisse y avoir, dans l'Apérité de ce tout-autre, quelque chose comme la Présence »[60]. En l'être, « être » et néant, présence et absence sont pensés ensemble, et ceci sans aucune relève de leur opposition. C'est en ce sens que l'être même est la détresse.

Pourtant, cette détresse de l'être, son demeurer-manquant, bien qu'elle soit l'essence de la métaphysique, n'est pas éprouvée par elle. Le fait que l'être en elle n'est pas omis, qu'il y demeure dans son retrait, reste impensé par elle. Par là elle accomplit l'omission de la non-omission de l'être en elle, l'omission du demeurer-manquant de l'être. Cette omission dissimule la détresse de l'être. « L'étant est et suscite l'apparence que l'Être serait sans la détresse »[61]. De la sorte la détresse de l'être se dissimule et apparaît comme absence de détresse. Dans la métaphysique, il n'en est rien quant à l'être même : rien, *nihil.* La métaphysique est, en tant que dissimulation de la détresse de l'Être, l'authentique nihilisme : « Ce qui s'essencifie dans le nihilisme est le demeurer-manquant de l'Être en tant que tel »[62]. Cette essence du nihilisme, la détresse de l'être ou son demeurer-manquant, y demeure inéprouvée.

Du fait que l'être comme tel reste impensé par la métaphysique, du fait qu'il n'y est pas interrogé comme tel, il y reste conçu à partir de l'étant et en vue de celui-ci. Conformément à cela, l'être serait sans détresse. Par là le réel, le monde, n'est pensé par la métaphysique que comme fonds qu'elle dispose en vue de l'étant. La technique n'est pas seulement une conséquence de la volonté comme auto-imposition de la conscience. La technique, comme la *Gestalt*, correspond à la manière dont l'être se donne dans la métaphysique. L'essence de la technique

---

60 Heidegger, « Contribution à la question de l'être », op. cit., p. 242-243.
61 Heidegger, *Nietzsche 2*, op. cit., p. 313.
62 Ibid., p. 307.

– comme de la *Gestalt* – est pour Heidegger le *Ge-stell* (« arraisonnement » selon la traduction d'André Préau, « installation » selon la traduction de Philippe Lacoue-Labarthe) :

> « *Ge-stell* : ainsi appelons-nous le rassemblant de cette interpellation (*Stellen*) qui requiert l'homme, c'est-à-dire qui le pro-voque à dévoiler le réel comme fonds dans le mode du „commettre". Ainsi appelons-nous le mode de dévoilement qui régit l'essence de la technique moderne et n'est lui-même rien de technique. (...) Dans l'appellation *Ge-stell* le verbe *stellen* ne désigne pas seulement la provocation, il doit conserver en même temps les résonances d'un autre stellen dont il dérive, à savoir celles de cet *her-stellen*, („placer debout devant", „fabriquer") qui est uni à *dar-stellen* („mettre sous les yeux", „exposer") et qui, au sens de la *poiésis*, fait apparaître la chose présente dans la non-occultation. (...) Dans le *Ge-stell* se produit (*ereignet sich*) cette non-occultation, conformément à laquelle le travail de la technique moderne dévoile le réel comme fonds »[63].

Le *Ge-stell* serait également le mot pour désigner l'essence de la *Gestalt*, pour autant que cette dernière revient à la non-occultation de l'étant en son entier : « (...) Est-ce que l'essence de la *Gestalt* jaillit dans le domaine d'origine de ce que j'appelle le *Ge-stell* (...) ? »[64]. Le *Ge-stell* nomme l'essence de la technique (et aussi celle de la *Gestalt*) et correspond à la détresse inéprouvée de l'être. Il désigne ainsi le mode selon lequel l'être s'essencifie (se déploie) dans son demeurer-manquant. Tout en désignant l'« installation » comme mode du (dé)voilement de l'être, il fait signe vers le voilement primordial de l'être, soit sa détresse.

> « L'essence du nihilisme, qui à la fin s'accomplit dans le règne de la volonté de volonté, repose dans l'oubli de l'être. A cet oubli nous semblons correspondre le mieux lorsque nous l'oublions, c'est-à-dire lorsque nous nous en

---

[63] Martin Heidegger, « La question de la technique », *Essais et conférences*, Gallimard, Paris, 1958, p. 27-28.

[64] Heidegger, « Contribution à la question de l'être », op. cit., p. 219.

moquons. Mais de cette façon nous ne prenons pas garde à ce qu'oubli veut dire lorsqu'il s'agit du voilement de l'Être. Y prêtons-nous au contraire attention, nous éprouvons alors cette renversante nécessité : au lieu de vouloir dépasser le nihilisme, nous devons tenter d'entrer enfin avec recueillement dans son essence »[65].

La question donc n'est pas tant « comment sortir de la métaphysique », mais comment éprouver son essence. Cette essence, pour Heidegger, peut être éprouvée dans la tentative de faire un pas-en-arrière pour penser son impensé, afin d'éprouver ce qui dans son discours est dit sans être dit. C'est ce qu'il appelle l'explication (*Auseinandersetzung*) avec la métaphysique. Dans ce petit parcours de textes se déploie donc la problématique que nous avons aussi rencontrée dans la partie de *Wozu Dichter ?* qui a introduit Rilke, plus explicitement et clairement cette fois. La détresse est l'être même qui requiert de nous que nous soyons son déploiement, qui nous demande d'être le déploiement de la détresse, c'est-à-dire de l'omission ou de l'oubli que nous sommes. La détresse nécessite son épreuve, et cette nécessité (*Not-wendigkeit*) signifie le retournement de la détresse (*Not*). Mais le retournement de la détresse, puisque c'est l'être même qui est la détresse, n'est pas son dépassement. Comme dans *Wozu Dichter ?*, ce qui est requis, c'est d'endurer et d'éprouver la détresse.

L'équivoque de la technique

Le mot *Ge-stell* retient les résonances de *her-stellen* (« placer debout devant, fabriquer ») et de *dar-stellen* (re-présenter, exposer, mettre sous les yeux, rendre présent) qui, « au sens de la *poiésis*, fait apparaître la chose présente dans la non-occultation »[66]. Ainsi le *Ge-stell* désigne aussi l'avoir-lieu de cette « non-occultation, conformément à laquelle le travail de la technique moderne dévoile le réel comme fonds »[67]. Il désigne donc l'avènement de l'être dans ce mode. De la sorte le mot

---

65 Ibid., p. 247.
66 Ibid., p. 28.
67 Ibid.

dar-stellen contient des résonances qui dans ce contexte renvoient à l'avènement de l'être dans le mode de son omission.

Il faut se tenir sur cette ambiguïté, sur la contiguïté du danger et du salut, l'endurer et non pas la dépasser. Selon l'esquisse du rapport à l'Ange à partir de l'essence de la subjectité proposée ci-dessus, le dire « recordant » devrait présenter (*dar-stellen*) la figure (*Gestalt*) de l'Ange. La *Darstellung* s'articule précisément sur cette ambiguïté de l'essence de la technique, ambiguïté qui tient à l'être, ou même qui est l'être. Pourtant dans *Wozu Dichter ?* le dire « recordant » n'est pas désigné en termes de *dar-stellen* et de *Darstellung* : il y est désigné comme dire d'un souffle plus risquant qui risque le dire.

Le chant qui est existence

Le passage de la balance aux mains de l'Ange advient « parfois », c'est-à-dire pour Heidegger : « rarement et au bon moment, en un cas chaque fois unique et de manière unique » (PP, 378). Le renversement de la séparation contre l'Ouvert advient lorsque il y a des mortels qui « parfois risquent plus… d'un souffle plus… ». Parce que ceux-là risquent l'être lui-même, « pour cela se risquent en l'enceinte même de l'être, la langue » (PP, 379). Ils sont donc « les disants ». Mais l'homme est par nature celui qui a la parole et donc se risque constamment avec la langue. Alors ceux qui risquent plus ne sont pas simplement « les disants ». « Le dire de ceux qui risquent plus doit expressément (*eigens*) risquer la diction (*die Sage*) » (ibid.). L'homme de l'auto-imposition délibérée se comporte en même temps en énonciateur. Mais alors ce qui est voulu (*Gewolltes*) (et risqué) dans ce mode de dire (*Sagen*) n'est pas le dire même. L'énonciation (*Aussagen*) n'est que voie et moyen. A la différence de l'énonciation, « il y a un dire qui s'ouvre expressément (*eigens*) à la diction (*Sage*) comme telle, sans pour cela raisonner sur la langue, ce qui en ferait aussi un objet » (ibid.).

L'ambiguïté de la langue consiste d'une part en ce qu'elle est dévoilement, et d'autre part, en ce qu'elle est dévoilement de quelque chose. Or, le dévoilement de quelque chose est d'habitude identifié à la présence de cette chose, comprise dans son rapport à autre chose. La sémantique présuppose le dévoilement tout en l'omettant. Le dire qui entre uniquement dans la diction même, ne se détourne pas du dévoilement. Il reste sur le point où sémantique et dévoilement s'articulent ensemble, il suit la trace de ce qui est à dire, de ce qui signifie, en tant qu'il est venir à l'apparaître : uniquement (*einzig*) pour le dire. Or, ce qui est à dire est ce qui appartient à l'enceinte de la langue, et ceci est « métaphysiquement parlant » (ibid.) l'étant en son entier – selon les termes rilkéens : « l'Ouvert ».

Les plus risquants tournent la perdition (*Unheile*) de l'être sans abri dans le sauf (*Heile*) de l'existence mondiale. Celle-ci est ce qui est à dire (*das zu Sagende*) par ceux qui risquent plus : « Dans le dire elle se tourne vers les hommes » (PP, 380). Parce que ce dire « se dérobe à toute imposition délibérée de soi-même » (ibid.), il se laisse toucher par l'Ouvert. Il n'est pas un vouloir au sens d'un désir ou d'une demande (*Begehrens*). Il ne cherche pas à produire. Il « n'ambitionne rien ; il n'est pas une profession » (ibid.). En d'autres termes, il est le délaissement de soi-même et l'affirmation de l'incessant passer par- delà soi-même qu'est l'étant dans son être. Ce dire, poursuit Heidegger, est le chant. Il renvoie alors à un vers tiré du troisième sonnet de la première partie des *Sonnets à Orphée* de Rilke : « Chant est existence (*Gesang ist Dasein*) ». « Existence », précise Heidegger, « est employé ici dans le sens traditionnel de la présence » (ibid.), c'est-à-dire dans le sens de l'« être » (entendu comme l'étant dans son être). Chanter le chant signifie être présent (*Anwesen*, se déployer comme présent) dans le présent (*Anwesenden*) même, exister (*Dasein*).

Or, cet « accomplissement de l'existence » est difficile. Ce qui est difficile n'est pas tant de former (*bilden*) l'œuvre de la langue (*Sprachwerk*), mais de passer de l'œuvre du dire qui désire et exige la vision des choses, à l'œuvre du cœur. Le chant est difficile, poursuit Heidegger, car il ne doit pas être ambition mais existence : il ne doit pas ressortir au vouloir comme auto-imposition mais au consentement à l'incessant passer par-delà soi-même, et donc aussi au délaissement de soi-même. Ce qui est difficile est l'acquiescement à la mort qui revient à la résignation du commettre illimité du réel comme fonds pour la constance de soi-même. Il est difficile de consentir à ce que le « soi » soit incessamment dépassé dans le devenir.

Heidegger, en partant du sonnet dont il a cité ci-dessus le vers « chant est existence », dit que pour le dieu Orphée le chant est chose facile, mais que pour l'homme il est difficile. Il cite alors un autre vers du même sonnet : « Quand donc sommes-nous ? », où l'accent selon lui est porté sur « sommes » et non pas sur « nous », et donc relatif à la difficulté pour l'homme d'accomplir le chant qui est existence.

> « Que nous appartenions à l'étant et, à cet égard, soyons présents (*anwesen*), ne fait pas question. Ce qui, en revanche, fait question, c'est de savoir quand nous sommes de telle sorte que notre être soit chant, et un chant dont le son ne retentisse pas n'importe où, mais soit vraiment un chanter dont la résonance ne s'accroche pas à quelque chose qui ait été finalement encore atteint, mais s'est déjà brisée en sa sonorité afin que seul le chanté se déploie » (PP, 381).

Lorsque le chant ne s'accroche à aucune finalité, c'est seulement alors qu'uniquement le chanté, c'est-à-dire l'étant en son entier, l'étant dans son être, se déploie. Ce chant doit n'être qu'affirmation du déploiement de la présence ou, autrement dit, du venir à l'apparaître de l'étant comme tel.

Ceux qui chantent, ceux qui disent plus et risquent plus que l'étant lui-même, sont d'après les vers 9 et 10 du poème « d'un souffle » plus risquants. Pour expliciter ce vers, Heidegger convoque encore deux vers du même sonnet : « Chanter en vérité est un autre souffle (*Hauch*). / Un souffle pour rien. Haleine (*Wehn*) en dieu. Un vent. » Il renvoie aussi à Herder qui dans un passage des « Idées pour la philosophie de l'histoire de l'humanité »[68] parle d'un « souffle (*Hauch*) », d'une « haleine en mouvement (*bewegten Lüftchen*) », et d'un « souffle divin (*göttliche Odem*) » qui, sortant de notre bouche comme un son magique, devient « tableau du monde », « frappe de nos pensées et de nos sentiments en l'âme de l'autre » et dont dépend « tout ce que les humains ont jamais pensé, voulu, fait et feront » (PP,

[68] *Sämtliche Werke*, Suphan (éd.), Bd. 13, Weidmann, Berlin, 1877-1913, p. 140 sq.

381-382). Car selon ce passage, nous serions encore en train de parcourir les forêts s'il n'y avait pas ce souffle.

Ainsi, Heidegger aborde le vers crucial du poème. Ce souffle ne signifie pas simplement la mesure à peine perceptible d'une différence ; il signifie « le verbe (*Wort*) et l'essence (*Wesen*) de la langue » (PP, 382). La langue est pour Heidegger ce qui distingue l'homme de l'animal. C'est pourquoi selon le passage cité de Herder, s'il n'y avait pas ce souffle, nous serions encore dans les forêts. Le « verbe (*Wort*) et l'essence de la langue » est le déploiement comme tel de la manifestation. La langue, avant de faire paraître ceci ou cela, fait advenir et accéder à l'apparaître. Elle est le danger qui pèse sur l'homme car la manifestation comme telle est en retrait dans la manifestation de ceci ou de cela. Avec elle croît le danger que l'être soit pris pour l'étant. Mais la langue est aussi ce qui sauve, car elle est la possibilité de la manifestation comme telle. Le chant, dans la mesure où il s'est déjà brisé en sa sonorité afin que seul le chanté se déploie, affirme la manifestation comme telle.

« L'autre souffle » ne vise rien d'objectif, il est « un souffle pour rien » (ibid.). Ce dire ne cherche même pas ce qu'il y a à dire. Il est l'appartenance au tout de la pure réception. Chanter, poursuit Heidegger, est être emporté au passage du vent. « Le chant est lui-même : un vent » (ibid.). Ceux qui risquent plus que la vie elle-même sont ceux qui sont d'un souffle plus risquants. Ce sont les poètes. Pour Heidegger il est significatif que les mots « d'un souffle plus » soient suivis de trois points : « Ils disent la suspension (*das Verschwiegene*) » (ibid.).

Le dire des poètes consent à l'essence (au sens du déploiement en tant que tel) de la langue, c'est pourquoi il ne cherche pas ce qu'il y a à dire. Il dit la suspension de la langue ou, autrement dit, le silence de la langue, ce qu'elle tait en tant qu'elle consent à la manifestation comme telle (et non pas à la manifestation de telle chose) : lorsqu'elle ne dit pas ceci ou cela et elle laisse seulement le déploiement de la présence (la manifestation) se déployer, elle tait ce que ce déploiement dévoile. Le dire pour rien, le dire qui dit la suspension, ramène ce qui est à dire – l'étant en son entier – au dévoilement qu'il est.

La poésie est le danger qui sauve

Le dire des poètes « tourne notre être sans abri face à l'ouvert » (ibid.). Les poètes chantent car ils retournent « la séparation contre l'ouvert, et sa détresse (*sein Heil-loses*), dans le salut (*heile*) de l'entier, parce que, dans la détresse, ils recordent la salvation (*im Unheilen das Heile*) » (ibid.). Cette formulation de Heidegger laisse entendre que les poètes ne retournent pas la détresse, mais que dans la détresse (*im Unheilen*) entendue comme le contraire du sauf (*Un-heilen* et *Heil-loses*) c'est-à-dire dans l'être sans abri, ils se remémorent le sauf (*das Heile*). Cette réversion est « au-devant de toute séparation » (ibid.) et surmonte tout l'objectif des objets. Alors, elle est le risque par l'essence de l'homme « en tant qu'il a la parole et est celui qui dit » (PP, 383). Heidegger cite par la suite quelques vers tirés de la neuvième *Élégie de Duino* où il y va du consentement de l'homme au vouloir de la terre, à son rêve de renaître invisible en nous, et du consentement de l'homme à la mission de la terre, à la transformation. Dans l'invisible de l'espace intime du monde, « l'intégrité de l'étant mondial devient visible » (ibid.). L'ange apparaît comme « l'unité mondiale » de cet espace. Le « cercle le plus vaste du sauf » (ibid.) est le déploiement de la présence. Seulement dans ce cercle plus vaste du sauf, poursuit Heidegger, peut paraître le sacré. Ces poètes sont les plus risquants car ils éprouvent la perdition (*das Heillose*) comme telle, en chemin vers la trace du sacré (*Heiligen*). Cependant, il n'est pas question de l'avènement du sacré mais de la possibilité de son apparition et de l'épreuve de sa trace, c'est-à-dire du reste présent d'une absence.

Les poètes qui entrent uniquement dans la diction même, éprouvent la détresse (*Unheil*) comme telle qui trace le salut, évoque le sacré et avoisine le dieu. Détresse et salut se déploient tous les deux à partir de la diction, à partir de la « maison de l'être ». Le salut ne supprime pas la détresse et la détresse ne supprime pas le salut. Au contraire, la détresse, éprouvée comme telle, revient à l'être ouvert au salut.

> « Ceux qui risquent plus éprouvent, dans l'absence de salut, l'être sans abri. Ils apportent aux mortels la trace des dieux enfuis dans l'opacité de la nuit du monde. Ceux qui

risquent plus sont, en tant qu'ils chantent le sauf, „poètes en temps de détresse" » (PP, 384).

Le temps du chant essentiel

Les poètes en temps de détresse sont les poètes qui se replient sur leur propre dire poétique en tant que c'est par lui qu'ils sont sur la trace de la sphère de l'étant en son entier. Qu'ils se replient sur leur propre dire, qu'ils entrent (ou qu'ils s'ouvrent) uniquement dans (ou à) la diction comme telle, Heidegger le formule ici autrement : l'essence (*Wesen* : le déploiement) de la poésie devient pour eux digne d'être mise en question. Dans la partie qui a introduit Rilke (PP, 327), en lisant Hölderlin, Heidegger avait dit qu'à l'essence du poète qui en temps de détresse est vraiment poète, il convient d'abord que, à partir de l'indigence du temps, état et vocation poétique (*Dichterberuf und Dichtertum*) deviennent des questions. C'est pourquoi, poursuivit-il, ces poètes doivent expressément (*eigens*) dans leur dit poétique dire (*dichten* : poétiser) l'essence (*Wesen* : déploiement) de la poésie.

Le « souffle pour rien » qui ne veut rien et qui s'est déjà brisé en sa sonorité, met en question l'essence de la poésie. « Mettre en question » signifie « soumettre à un nouvel examen » et donc « déstabiliser » mais, écrit avec un tiret, « *frag-würdig* » signifie aussi rendre « digne de question ». Rilke accède à la question poétique « sur la trace du sauf », c'est-à-dire de l'étant en son entier (entendu comme *Gestalt* nietzschéenne). Il éprouve donc le rapport à l'indigence (le rapport à l'être qui est en retrait dans l'étant) qu'est son chant dans la mesure où il accède à cette question : « quand y a-t-il chant qui, essentiellement (*wesenhaft*), chante ? » Que l'essence de la poésie devienne digne de question, revient à dire que la question du temps qui correspond au chant pur est atteinte.

Ainsi la question de l'essence de la poésie revient à la question du temps de la poésie. Essence et temps de la poésie s'articulent ensemble, et cela comme question. Le temps pensé à partir de l'étant comme la succession linéaire d'un passé, d'un présent et d'un avenir, n'est pas à la hauteur de cette équivoque. Au déploiement de la présence qu'est la langue (et l'être) comme telle, correspond en revanche le temps pensé à partir de l'être. Alors le temps qui convient au chant qui chante essentiellement, c'est-à-dire l'avoir-lieu du déploiement de la présence même, devient question.

Dans la mesure où l'essence de la poésie et avec elle le temps qui lui correspond devient question pour le poète, il demeure tourné vers le dévoilement primordial qui requiert sa propre omission dans le déploiement du présent. Que quelque chose fasse question pour nous signifie que nous restons tournés vers cela sans nous l'approprier : nous nous éprouvons comme requis par ce qui s'absente dans la question. C'est pourquoi consentir à l'équivoque de la langue dans et par le chant revient au devenir-question du temps qui correspond à ce dire. Heidegger poursuit, disant que cette question « ne s'est pas posée au début de son chemin poétique, mais lorsque le dire de Rilke est parvenu vraiment à la vocation poétique de la poésie (*Dichterberuf des Dichtertums*) qui correspond au nouvel âge du monde (*dem ankommenden Weltalter*) » (PP, 384). Cet âge est le temps de détresse, l'âge où l'être se donne sur le mode de son omission la requérant. Rilke éprouve la détresse de l'être qui requiert son omission. « Cet âge n'est ni déchéance, ni déclin. En tant que destiné (*Geschick*), il repose en l'être et saisit l'homme en son assignation (*nimmt den Menschen in seinen Anspruch*) » (ibid.). « *Anspruch* » est la demande, l'exigence. « *Geschick* » est l'envoi. Cet âge est la manière dont l'être s'historialise et requiert l'homme.

2.3. La réponse à la question si Rilke est poète en temps de détresse

Heidegger clôt la lecture de Rilke de la même manière qu'il l'a ouverte. Dans le paragraphe qui suit, Heidegger, avant de passer à la question qui concerne la poésie de Rilke, précise en quel sens Hölderlin est le devancier des poètes en temps de détresse et donc aussi de Rilke. Que Hölderlin soit le devancier des poètes en temps de détresse signifie qu'aucun poète de ce temps ne pourra le surpasser. Pourtant Hölderlin concerne précisément ce temps (et non pas un avenir, « il ne s'en va pas en un avenir, mais, au contraire, en vient ») et cela de telle sorte que seulement dans l'advenue (*Ankunft*) de sa parole l'avenir (*Zukunft*) déploie sa présence (*anwest*). Plus cette advenue est pure, plus secrètement (de manière plus celée, « *verborgener* ») ce qui est à venir (*das Kommende,* le « venant ») s'épargne (*sich spart*) dans la pré-diction (*Vorsage*) ; plus « se déploie » alors le « demeurer » (« wesender wird das Bleiben »).

Or, ce qui demeure dans l'advenue de sa parole est une suspension du temps ontique. L'avenir y déploie sa présence. S'y rend ainsi présent ce qui n'est pas encore. Plus ce qui vient s'y épargne, plus le « demeurer » s'y déploie. Ainsi ce « demeurer » qui se déploie dans l'arrivée du mot du poète n'est pas ce qui est présent dans le présent, mais ce qui s'épargne dans cette pré-diction rendant possible ce qui n'est pas encore. Le « demeurer » qui se déploie dans l'arrivée du mot du poète qui nous devance, est ce qui est en retrait dans le dire devançant du poète, tout en rendant possible le jaillissement du temps ontique : tout en déployant la présence de l'à-venir, de ce qui est à venir. Il est ce qui se retire du présent ouvrant la possibilité du présent (déployant la présence de l'à-venir).

Étant donné que ce qui demeure dans le mot du poète devançant est une suspension du temps ontique, jamais ne viendra un temps où ce mot sera entendu par « tout le monde ». Que Hölderlin soit le devancier ne signifie point qu'à cette poésie correspondrait un âge futur qui serait à sa hauteur. Sa poésie ne sera jamais actuelle (*zeitgemäß*), c'est-à-dire ici, elle ne coïncidera jamais avec le temps (ontique). C'est l'indigence du temps même qui l'en empêche. Mais nous avons vu que l'indigence est la manière dont l'être se donne tout en restant en retrait dans cette donation que pourtant il requiert.

Ici aussi, comme dans l'introduction à la lecture de Rilke, après avoir évoqué ce qui dans la poésie de Hölderlin résiste à toute saisie appropriative, Heidegger aborde la question de l'approche interprétative qui serait (ou plutôt qui ne serait pas) à la hauteur de cette poésie. Il est question de ce qui soustrait cette poésie à tout temps présent et à son entente (« vernehmen » signifie percevoir) : il ne viendra jamais un temps où tout le monde entendra cette poésie.

Hölderlin est devancier dans le sens où on ne peut pas le « surpasser » ; mais en outre son dire n'est pas de l'ordre du

« passage » (*Vergänglichkeit*) : il n'est pas de l'ordre du temps ontique, c'est-à-dire de la succession linéaire des présents qui périssent. C'est pourquoi son dire poétique demeure. Cela ne veut point dire qu'il soit « éternel », car ce qu'on appelle « éternité » est également pensé à partir de l'étant : c'est une forme du temps ontique. En revanche ce qui demeure, ce qui n'a cessé d'être (das *Ge-wesene*) est l'historial, c'est-à-dire ce qui appartient à l'histoire pensée à partir de l'être, ce qui appartient à l'envoi de l'être, à la manière dont l'être se déploie (son avènement, ou, son avoir-lieu). Le déploiement (*Wesende*, le « se-donner ») du dire poétique de Hölderlin n'est pas périssable : il se recueille et se reprend dans l'envoi de l'être qui le donne (et est en retrait dans le présent).

> « Si Rilke est „poète en temps de détresse", alors seule sa poésie répond à la question : pourquoi (*wozu*) il est poète, vers quoi (*woraufzu*) son chant est en route, quelle (*wohin*) est son appartenance dans le destin (*Geschick*) de la nuit du monde. C'est ce destin qui décide de ce qui, à l'intérieur de cette œuvre, demeure historial (*geschicklich bleibt*) » (PP, 385).

Bien que dans son analyse du poème Heidegger ait déjà répondu à cette question, en affirmant que Rilke est poète en temps de détresse en cela que l'essence (ou le déploiement : « Wesen ») et le temps de la poésie sont devenus pour lui des questions – et cela précisément dans les vers 9 à 10 du poème, il revient ici à la même question. C'est seulement sa poésie, nous dit-il ici, qui répond à la question à quoi bon il est poète et quelle est son appartenance dans l'envoi de la nuit du monde.

Ainsi, Heidegger avec ces dernières remarques laisse entendre que l'interprétation (*Auslegung*) (PP, 332) du poème qui a précédé ces remarques, ne devrait pas être comprise comme une saisie appropriative du sens du poème. Nous ne pouvons pas répondre à la question si Rilke est poète en temps de détresse, car une approche de la poésie qui soit à la hauteur de ce qui y est en jeu ne procède pas d'un sujet. Nous ne pouvons pas décider de ce qui, à l'intérieur de cette poésie, appartient à l'être et demeure historial. Or, nous avons vu dans la première partie de *Wozu Dichter ?* que la seule approche qui convienne à sa poésie est celle qui la rencontre sur la voie de l'histoire de l'être. Le dialogue historial qu'est la rencontre sur la voie de l'histoire de l'être ne procède pas de deux sujets. La rencontre sur la voie de l'histoire de l'être revient à l'envoi de l'être. Pour cela, elle revient aussi à la suspension du temps ontique et donc à la suspension de toute appropriation interprétative et de toute décision provenant de l'étant (ou – comme ici – d'un sujet). C'est dans ce sens qu'il faudrait comprendre la dernière phrase énigmatique du texte, à savoir que c'est l'envoi de l'être « qui décide de ce qui à l'intérieur de cette poésie demeure historial ». C'est précisément ce qui empêche que la poésie de Hölderlin devienne actuelle et qu'elle soit « entendue » par cet âge, qui empêche aussi que « nous » puissions répondre et décider si Rilke est poète en temps de détresse.

L'expérience de l'être dans et par la poésie, c'est-à-dire l'épreuve de la nuit du monde que fait le poète, et que nous faisons nous-mêmes, est l'expérience de l'être-requis du déploiement de notre être. C'est pourquoi l'éprouver signifie se retenir sur cet être-requis : le laisser se déployer comme question. Il faut que le déploiement du dire poétique fasse question pour les poètes. Mais cette question ne peut constituer l'objet d'une appropriation. Nous cor-respondons à cette question en la laissant de nouveau se déployer comme question. Son avènement a lieu comme rencontre sur la voie de l'histoire de l'être, lorsque nous cor-respondons à la question adressée, l'adressant de nouveau.

Les jalons que nous posons « dans le sentier descendant vers l'abîme » (PP, 331) en voyant comment, pour Rilke, l'étant se montre en son entier, et l'« exercice de méditation poétique » (PP, 333) que nous faisons en le lisant, ouvrent sur une expérience de l'être qui nous dépasse : la rencontre (entre nous et le poète, entre la poésie et la pensée) sur la voie de l'histoire de l'être. Aussi n' est-il pas possible de s'approprier la réponse à la question sur l'historialité de cette poésie. Nous correspondons à la question de Rilke – « quand y a-t-il chant qui chante essentiellement ? » – lorsque nous la relançons : « R. M. Rilke est-il poète en temps de détresse ? ».

Ce qui y demeure historial se décide par l'envoi de l'être. Mais l'être requiert son omission. Ainsi ce qui y demeure historial est en retrait dans le présent. La décision que prend le destin de la nuit du monde (l'envoi de l'être qu'est le temps de détresse), conforme à la détresse qu'est l'être même, doit aussi se déprendre à même sa prise : elle doit s'in-décider dans son avoir-lieu même. La dernière partie du texte, grave, lourde et énigmatique, clôt cette approche de la poésie de Rilke en réintroduisant de manière très dense et opaque la problématique qui porte sur la décision de l'historialité de cette poésie. La fin de *Wozu Dichter ?* porte donc indirectement aussi sur la légitimité, la délimitation et le caractère de l'interprétation du poème rilkéen qui l'a précédée : elle ouvre sur ce qui est en jeu dans l'approche de la poésie, le laissant pourtant en suspens.

3. L'APPROCHE DE LA POESIE DANS *WOZU DICHTER ?*

3.1. L'équivoque

Dans ce texte, Heidegger propose une interprétation de la poésie « valable » (*gültig*) de Rilke. Partant d'un poème, il analyse quelques mots qui lui semblent fondamentaux pour la poésie rilkéenne. Ces mots sont pour Heidegger métaphysiques ; ils nomment l'étant en son entier. En les explicitant, il éprouve leur ambiguïté qui y reste impensée : ils nomment à la fois l'étant dans son être, et l'être qui est en retrait dans l'étant. Par la suite, en éclaircissant le poème, il précise le rapport à l'être de l'homme et le distingue de celui de la plante et de l'animal. L'homme peut consentir au risque qu'est l'être même. Ceci advient pour Heidegger par et dans le poème, lorsque le dire poétique y devient question. Ainsi, le poète éprouve l'ambiguïté de l'être même. De la sorte, avec cette lecture, Heidegger met en avant la différence à l'œuvre dans la métaphysique rilkéenne : la différence qu'est l'étant dans son être.

À la mesure qui lui revient, Rilke éprouve historialement l'étant en son entier. Il en vient ainsi dans et par le poème au rapport (à l'être) qu'est l'étant en son entier (pensé métaphysiquement selon une métaphysique nietzschéenne « un peu tempérée »). Ainsi, il consent au déploiement du dire poétique comme tel. En consentant au déploiement de la manifestation comme telle sans rien viser, il demeure sur l'ambiguïté de la langue : la possibilité du dévoilement et le dévoilement de telle chose. En cela, il éprouve le danger *et* ce qui sauve : il s'éprouve comme requis par l'être à commettre son omission, conformément à la détresse qu'est l'être. Dans la mesure où pour lui le dire poétique même devient question, il est poète en temps de détresse. Heidegger situe pourtant cette lecture dans le cadre d'une problématique tirée de Hölderlin qui porte sur la vocation de la poésie en temps de détresse.

La poésie de Hölderlin aurait contribué à la frappe (*mitgeprägt*) de la pensée poétique (*dichtendes*, « poétisante ») qu'est la métaphysique accomplie (le temps de détresse) et elle y demeurerait plus familièrement qu'aucune autre poésie de son temps. La question principale que pose le texte est : comment il convient ou pas d'aborder la poésie de Hölderlin, puisque l'évidence de l'être à laquelle elle parvient est en même temps l'extrême oubli de l'être qui constitue l'essence en retrait de l'indigence de l'époque. Cette question est suivie par la question de savoir si nous sommes, en tant que nous sommes d'aujourd'hui, à même d'aborder un poète d'aujourd'hui à la manière qui lui convient : si nous rencontrons Rilke sur la voie de l'histoire de l'être. La fin du texte revient sur ce qui est en jeu dans la supériorité historiale de Hölderlin par rapport à Rilke (et aux poètes d'aujourd'hui), et rouvre la question de savoir si Rilke est poète en temps de détresse en disant – et cela malgré l'interprétation déjà proposée de la poésie rilkéenne – que c'est sa poésie qui y répond et que c'est le destin de l'être qui décide de ce qui y demeure historial.

Ainsi, l'interprétation de la poésie de Rilke s'articule au cœur d'une problématique qui porte sur ce qui est en jeu dans l'approche de la poésie, premièrement de Hölderlin et ensuite de Rilke : La problématique principalement déployée dans ce texte est la vocation de la poésie, et, avec elle, la vocation de l'approche de la poésie. L'une renvoie à l'autre, et elles mettent précisément en question la conception courante de l'interprétation. D'autre part cependant, il y a dans ce texte une chose posée comme un fait : la supériorité historiale de Hölderlin. De par l'introduction de la comparaison et de la hiérarchie entre les deux poètes, ce texte a souvent été lu comme une critique de Rilke. Effectivement, de ce point de vue une telle lecture est légitime. La supériorité de Hölderlin, posée brutalement comme un fait, semble contredire le mouvement du texte. Comment Heidegger décide-t-il de cela ? Le texte est équivoque car la hiérarchie qu'il introduit semble présupposer la comparaison de l'interprétation appropriative des deux poètes. Si pourtant il ne s'agit pas d'une telle comparaison, de quoi s'agit-il ? Pourquoi cette juxtaposition ? Qu'est-ce qui pour Heidegger la légitime ? Et même, jusqu'où, malgré les assertions de Heidegger même, s'agit-il d'une critique de Rilke ? Telles sont les questions que nous allons examiner dans le chapitre qui suit.

3.2. La critique de Rilke

L'éclaircissement (*Erläuterung*) ou l'interprétation (*Auslegung*) du poème rilkéen que Heidegger propose (ce sont les deux mots qu'il emploie) établit un parallèle entre Rilke et Nietzsche. Heidegger ne se contente pas du commentaire du poème qu'il « interprète », mais se réfère également à des fragments tirés d'autres poèmes rilkéens, ainsi qu'à des fragments de sa correspondance. Bien que selon Heidegger Rilke éprouve historialement l'envoi de l'être, en d'autres termes, bien que lorsque le dire poétique devient pour lui une question, il éprouve le rapport à l'être qu'est son sort et est en cela poète en temps de détresse, ce sort est néanmoins la métaphysique de la volonté et l'époque de la technique. C'est cela qui est d'avance décidé par Heidegger. Dès lors, tout se passe comme si son commentaire visait à éclairer précisément le rapport de Rilke à Nietzsche, décidé d'avance par lui.

Nous avons vu par exemple qu'afin d'expliciter le vouloir de l'homme tel qu'il est pensé dans le poème, Heidegger ne se fonde que sur la mise en italique d'un « avec » (« allons *avec* ce risque » dans le vers 7 du poème) pour parler de l'auto-imposition délibérée de l'homme ressortissant à la sphère de la conscience de l'*ego cogito* de Descartes. C'est ainsi bien plutôt le choix des fragments qu'il tire de la correspondance de Rilke et le choix des vers épars des *Élégies de Duino* et des *Sonnets à Orphée* qui justifie son approche. Il est donc légitime de proposer une autre interprétation du poème et de la confronter à celle de Heidegger. C'est dans ce sens que va le commentaire de Haar dans *Le chant de la terre*. Il y critique la légitimité de l'interprétation heideggérienne et en propose une autre. Précisément il dit que, « faisant dépendre toute son interprétation de ce parallèle avec Nietzsche, Heidegger simplifie à l'extrême et dissimule les thèmes fondamentaux de la pensée de Rilke davantage qu'il ne les élucide »[69].

Pour lui, les mots de Rilke comme « l'Ouvert », l'« espace intérieur du monde » (*Weltinnenraum*) et le « cœur », ne désignent pas l'intériorité du sujet et ne s'identifient pas avec la

[69] Haar, *Le chant de la terre*, op. cit., p. 238.

subjectivité ; et le mot de « nature » ne désigne pas la « totalité métaphysique de l'étant »[70]. Le « pur espace du cœur » rilkéen n'est pour Haar ni subjectif ni objectif ; et l'Ouvert chez Rilke désigne l'ouverture non anthropocentrique, non subjective, « le centre retiré qui tient toutes choses rassemblées et fait l'unité de leurs tensions adverses »[71], plus proche de l'être heideggérien que de tout étant. Or, pour légitime que soit la critique de Haar, elle simplifie pourtant le texte de Heidegger.

Nous avons vu dans notre analyse que la subjectité que Heidegger impute à Rilke n'est pas la subjectité subjective ou subjectiviste. Selon notre approche du texte, ce que Haar oppose comme critique à Heidegger est beaucoup plus proche de ce que Heidegger écrit sur Rilke dans *Wozu Dichter ?* que Haar ne le croit. Que la naissance du poème « échappe au poète et que la subjectivité humaine [ne soit] pas sa propre inspiratrice », ou encore que le poème soit « oubli par le poète de sa voix propre »[72] est tout à fait compatible avec notre lecture de *Wozu Dichter ?*[73] et n'en constitue pas une critique. Cela dit, la question demeure : pourquoi cette décision initiale du parallèle entre Rilke et Nietzsche ? Qu'est-ce qui pour Heidegger la légitime ? Dans quel sens faut-il la comprendre ? Sans proposer une autre interprétation qui « défendrait » Rilke et « corrigerait » Heidegger, nous allons premièrement cerner les points qui selon la logique interne de *Wozu Dichter ?* pourraient être considérés comme une critique de Rilke.

3.3. L'ambiguïté des mots fondamentaux de la poésie rilkéenne

Heidegger désigne comme ambigus tous les « mots fondamentaux de l'œuvre poétique authentique de Rilke » : ils nomment à la fois l'être qui n'est rien d'étant et l'étant dans son être.

---

70 Ibid., p. 262.
71 Ibid., p. 253-254.
72 Ibid., p. 262.
73 Nous n'allons pas confronter tous les points que Haar relève avec notre approche de Heidegger. Ce qui nous importe ici est de nous démarquer de cette critique afin de situer autrement le problème de la critique heideggérienne de Rilke en son tout.

En cette ambiguïté parle, comme il le dit, « en toute clarté le langage de la métaphysique » (PP, 340). Mais cette ambiguïté tient à l'être même, qui se donne sur le mode de son omission. Consentir à cette équivoque, la laisser se déployer comme telle, revient à éprouver la détresse qu'est l'être (ou, autrement dit, le temps de détresse). Pourtant lorsqu'il délimite le mot rilkéen de l'Ouvert (qui pourtant n'apparaît pas dans le poème qu'il a choisi d'expliciter) par rapport à « l'ouverture au sens de l'ouvert sans retrait de l'étant, qui le fait être comme étant » (PP, 341), il suggère qu'il peut y avoir un nom sans équivoque pour l'être : il suggère que l'être qui n'est rien d'étant, qui est la différence qui donne l'étant, peut être nommé comme tel. S'il en était ainsi, le fait que Rilke n'ait pas pu le nommer constituerait une critique légitime.

Il en va de même lorsque Heidegger délimite la « sphéricité de l'être qu'a en vue la parole rilkéenne du plus vaste cercle » (PP, 362), c'est-à-dire la « sphère de l'être » (qui est un autre nom pour l'Ouvert rilkéen) telle que selon lui Rilke l'entend, par rapport à la sphéricité pensée « à partir de l'être, au sens de la présence unissant en une éclaircie » (PP, 363) ; ou encore lorsqu'il dit que « Rilke ne médite pas la „spatialité“ de l'espace intérieur du monde ; il ne se demande pas si l'espace intérieur du monde, puisqu'il accorde un séjour à la présence mondiale, n'a pas, avec cette présence, ses racines dans une temporalité dont le temps essentiel formerait avec l'espace essentiel l'unité originelle d'une aire où se déploie le temps, c'est-à-dire l'unité de l'être lui-même » (PP, 369). Il critique donc Rilke de ne pas avoir pu penser l'unité de l'être « lui-même ».

Or, cette critique de Rilke est en rivalité avec la pensée de l'être à l'œuvre dans ce texte. Si, en simplifiant, l'être même est la détresse, si l'être requiert son omission la nécessitant, si l'être est en retrait dans l'étant présent, comment peut-on, en pensant l'être, nommer ce qu'il est *en tant que tel* ? Comment peut-on nommer la différence qu'est l'être sans qu'il soit de nouveau omis dans ce nommer ? L'interprétation heideggérienne de Rilke, dans la mesure où elle constituerait une critique, suggère une pensée (la pensée heideggérienne) et une poésie (celle de Hölderlin) qui s'approprieraient l'être comme tel. Mais en même temps l'interprétation reconnaît comme sa tâche la prise en charge de l'évidence (*Offenbarkeit*) de l'être à laquelle parvient la poésie de Hölderlin, en tant que cette évidence est l'extrême oubli de l'être, c'est-à-dire l'essence en retrait de l'indigence du temps. C'est pourquoi l'ambiguïté de Heidegger envers Rilke dans ce texte, à savoir si Rilke est effectivement poète en temps de détresse ou pas, tient à une équivoque qui concerne la pensée heideggérienne de l'être, c'est-à-dire la pensée heideggérienne tout court. Comment penser, nommer, et éprouver l'être comme tel si l'être n'est pas ?

La critique heideggérienne de Rilke relève donc d'une équivoque fondamentale de sa pensée qui tient à sa tentative de penser l'impensable. Dans des cours donnés pendant la guerre[74], Heidegger avait été plus explicitement critique envers Rilke. Il y avait délimité le mot rilkéen de l'Ouvert par rapport à l'Ouvert hölderlinien, qui pour lui nomme l'être même. Pour Rilke, dans la huitième *Élégie de Duino*, l'animal appartient spontanément à l'Ouvert, alors que l'homme en est, à cause de sa conscience, séparé. Or, pour Heidegger, seul l'homme peut voir l'Ouvert, car il a la parole. Parce qu'il a la parole, il a accès au décèlement (ou dévoilement) comme tel, qui pour l'animal reste celé[75]. Marc Froment-Meurice remarque que Heidegger est plus métaphysique que Rilke lorsqu'il réserve à l'homme seul (en tant qu'il a la parole) l'accès à l'être, faisant ainsi de l'être quelque chose d'appropriable[76]. Le privilège accordé à l'homme relève de cette équivoque de la pensée de l'être et a souvent été déconstruit (par exemple par Jean-Luc Nancy dans *Toucher*[77], Jacques Derrida dans *La main de Heidegger*[78] et par Giorgio Agamben[79]). Cette équivoque nous ramène aux apories

[74] Sa critique n'est néanmoins pas univoque. D'une part il critique Rilke pour ne pas avoir été à la hauteur de l'Ouvert hölderlinien, c'est-à-dire de l'être comme tel. Et de l'autre, il dit aussi que le nom rilkéen appartient à sa manière au domaine de l'événement de l'être qui le conditionne en tant qu'il est poétique (GA 54, voir par exemple p. 227 : « (…) ce mot nomme un événement dans lequel appartient aussi le mot de Rilke de l'„Ouvert“ »).

[75] Heidegger, *Parmenides*, op. cit., p. 225-240.

[76] Froment-Meurice, *C'est-à-dire – Poétique de Heidegger*, op. cit., p. 18.

[77] Jean-Luc Nancy, « Toucher », p. 99-105, dans *Le sens du monde*, Galilée, Paris, 1993.

[78] Jacques Derrida, « La main de Heidegger », *Psyché*, Galilée, Paris, 1987.

[79] Agamben, *L'ouvert – De l'homme et de l'animal*, op. cit.

d'une pensée de l'être « comme tel »[80]. Dans *Wozu Dichter ?* cette équivoque concerne davantage la tâche de la poésie et la tâche de l'approche de la poésie, autrement dit de l'« interprétation » entendue comme expérience de l'être.

3.4. La Gestalt de l'Ange et le contournement de la Darstellung

Heidegger se montre aussi critique envers Rilke lorsqu'il remarque que l'Ange[81] est *Gestalt* au sens nietzschéen (bien entendu au sens où Heidegger entend « nietzschéen ») et qu'il devrait donc être pensé à partir de l'essence de la subjectité. Car « Gestalt » et « subjectité » sont des termes qui pour Heidegger ont un sens très précis qu'il a – comme nous l'avons vu – délimité dans d'autres textes[82]. La figure (*Gestalt*) nietzschéenne renvoie à la rescendance (à la transcendance renversée et avec elle au platonisme renversé) et à l'infinitisation du sujet qui, pour Heidegger, réduit l'être à l'étant en tant que nihilisme (il n'en est rien quant à l'être même) ; nihilisme qui nous menace sous diverses formes, parmi lesquelles aussi le totalitarisme. Mais l'Ange comme l'Ouvert, les deux mots qu'il critique en explicitant le poème de Rilke, ne se trouvent pas dans ce poème.

Ainsi, alors que dans le poème qu'il a choisi d'éclaircir, il n'est pas question de l'Ange, il dit pourtant que lorsque l'homme rilkéen accède à l'Ouvert, l'Ange apparaît (*erscheint*). Mais pour être effectivement figure au sens nietzschéen, l'Ange rilkéen doit se rendre présent (*sich darstellen*) dans et par le poème[83]. La figure de la volonté de puissance ressortit au *Ge-*

---

[80] Voir par exemple Jean-Luc Nancy, « De l'être singulier pluriel », *Être singulier pluriel*, Galilée, Paris, 1996. À ce problème est consacrée la thèse de Yves Dupeux : *L'existence comme telle (La question du sens de l'être en général chez Heidegger)*, soutenue le 31 Janvier 2004 à Strasbourg, sous la direction de Nancy.

[81] Que l'Ange soit un mot chrétien, bien que chez Rilke il est un autre sens, a certainement contribué à ce que Heidegger le comprenne comme étant un mot métaphysique.

[82] Dans Heidegger, *Nietzsche 1,* op. cit., Heidegger, *Nietzsche 2*, op. cit., et dans Heidegger, « Contribution à la question de l'être », op. cit.

[83] Dans les termes de *Nietzsche 1*, il s'agit de se rendre présent (« sich darstellen ») dans la forme du poème, et dans les termes de « Contribution à la

stell, c'est-à-dire à l'essence de la technique qui est un envoi de l'être. Le mot *darstellen* signifie dans la tradition allemande « représenter » au sens du « rendre présent ». La *Darstellung*, qui dans la tradition désigne la *mimésis*, ressortit aussi au *Gestell*.

Cependant dans *Wozu Dichter ?*, ce ne sont pas les mots *Darstellung* et *darstellen* que Heidegger emploie pour désigner l'apparition de la *Gestalt* de l'Ange dans et par le poème. Au contraire, il parle du dire poétique comme consentement à cette ambiguïté de la langue. Mais la *Darstellung*, rendant présent l'étant en son entier, laisse aussi se déployer la différence selon laquelle l'étant est « pleinement ». La *Darstellung* (ainsi que l'empreinte dans laquelle ce qui l'imprime redevient présent), dérivée du *Ge-stell*, revient aussi à cette ambiguïté de l'être qui se donne sur le mode de son retrait. En ce sens on pourrait dire qu'elle s'auto-déconstruit : elle est aussi le déploiement du mouvement paradoxal de l'être, son « se-donner », c'est-à-dire l'agir de sa différence avec soi-même.

Or pour Heidegger, bien que Rilke reste dans l'ombre d'une métaphysique nietzschéenne, il est malgré tout poète en temps de détresse, précisément parce qu'il ne représente pas (au sens du *darstellen* ou de l'empreinte qui rend présent ce qui l'a imprimée) l'étant en son entier (la *Gestalt*) : le devenir-question de l'essence de la poésie le soustrait à la *Darstellung*.

Lacoue Labarthe a travaillé la question du contournement de la *Darstellung* chez Heidegger à plusieurs reprises[84]. En simplifiant, nous pourrions dire que pour lui, Heidegger essaie de se démarquer de la *Darstellung* et avec elle de la mimesis qui renvoie à la vérité comme adéquation (*ομοίωσις*) et qui est pour Heidegger une conception métaphysique de la vérité, afin de se démarquer de la métaphysique. Cependant, Lacoue-Labarthe reconnaît souvent chez Heidegger une souscription à la mimesis aristotélicienne, à savoir à une conception de la *τέχνη* requise

---

question de l'être » il s'agit de former l'empreinte dans laquelle ce qui l'imprime redevient présent comme *typos* – la représentation mimétique que Lacoue-Labarthe nomme « onto-typologie ». Cf. « Typographie », op. cit.

[84] Cf. par exemple, Philippe Lacoue-Labarthe, *La fiction du politique*, Bourgois, Paris, 1987, ou Lacoue-Labarthe, *Heidegger – La politique du poème*, op. cit., ou encore Lacoue-Labarthe, « Typographie », op. cit.

par la *φύσις* (qui se réserve et est en retrait) afin d'instaurer sa cause finale. La *τέχνη* serait le surcroît nécessaire à la *φύσις* : elle mettrait en œuvre la vérité de l'être (la *φύσις*) qui se dérobe, et en constituerait une sorte de « secondarité originaire »[85]. Heidegger resterait ainsi prisonnier d'une mimétologie impensée dont il essaierait pourtant de se démarquer.

Il ne s'agit pas de la vérité pensée comme adéquation mais comme *αλήθεια*, c'est-à-dire (en simplifiant) comme l'ouverture de l'étant au rien d'étant qu'il est dans son être. C'est là précisément que se déploie chez Heidegger une équivoque. Car, étant donné que l'être n'est rien d'étant, la *τέχνη* mettant en œuvre la vérité de l'être « étrange » l'étant (au sens verbal elle y produit un étrangement : *Unheimlichkeit*). Il est donc bien possible de lire la *τέχνη* chez Heidegger non seulement comme ayant à instaurer la cause finale de la *φύσις*, mais aussi comme exposant à ceci qu'il n'y a pas d'origine ou de cause finale à instaurer, qu'il n'y a que la *τέχνη* comme exposition au défaut d'origine, comme ex-position extatique de l'étant. Il est donc possible d'y lire que l'origine, entendue comme l'être qui rend présent l'étant, est en défaut, et qu'elle n'advient que comme *τέχνη*. Dès lors, nous pourrions dire que la *τέχνη*, tout en ayant à mettre en œuvre la *φύσις*, appartient aussi à la représentation – au sens de la « fiction » – de l'origine ; même si « fiction » est un terme que Heidegger n'emploie jamais. Or, la *Darstellung* a précisément aussi ce sens de fiction : elle s'auto-déconstruit. Et c'est ce sens de la *Darstellung* qui reste pour Heidegger impensé lorsqu'il se démarque d'elle.

Ainsi, il est souvent possible de déceler chez Heidegger une oscillation, une équivoque ou même un double mouvement entre, d'une part, une conception de (et/ou une exhortation à) la *τέχνη* comme instauration de la vérité de l'être comme tel, et d'autre part, une conception de la *τέχνη* comme exposition au défaut de l'origine qui « étrange » l'étant (comme épreuve de et exposition à la « déhiscence » de l'étant – pour employer le terme derridien). De manière plus libre, nous pourrions dire que

---

85 Lacoue-Labarthe, *La fiction du politique*, op. cit., p. 128. Les implications politiques de cette question, telles que Lacoue-Labarthe les analyse, seront examinées plus loin.

selon ce deuxième sens la *τέχνη* expose au fait que l'origine est une fiction.

L'exhortation à l'instauration de la vérité de l'être serait décelable précisément en cela que Heidegger, ne voyant pas qu'elle s'auto-déconstruit, essaie de se démarquer de la *Darstellung* et de la mimesis, ou de l'« *onto-typologie* »[86], tout en désignant la *τέχνη* comme ayant à instaurer la vérité de l'être comme tel. Une telle exhortation à l'instauration de la vérité de l'être qui n'échappe pas à cette métaphysique mimétique est ce qui advient aussi dans *Wozu Dichter ?*, bien que, au moyen de l'Ange rilkéen, Heidegger y dénonce indirectement l'« onto-typologie » comme platonisme renversé.

3.5. La tonalité

Le vocabulaire employé dans *Wozu Dichter ?* (« l'indigence », la « détresse », la « nuit du monde », « l'abîme », la « misère sans nom », « l'incommensurable nécessité » etc.) donne une image bien sombre et menaçante de notre temps. En outre, cet âge est situé entre un « ne plus » et un « ne pas encore »[87]. Ce qui n'est plus est le temps des dieux, le temps où le monde n'était pas suspendu dans l'abîme. Ce qui n'est pas encore est le revirement de l'abîme (de la métaphysique), le retour des dieux et l'épreuve de l'essence de la métaphysique. De plus, la tâche des poètes est inscrite dans la perspective du « revirement des mortels » : il n'y a de revirement que si les mortels prennent site dans leur être ; leur être réside en ce qu'ils atteignent plus vite l'abîme que les célestes ; l'abîme garde et marque tout ; les poètes doivent éprouver les marques que l'abîme dessine.

Ainsi, ce vocabulaire et ce schème suggèrent que cet âge est décadent, déchu de son état originaire, déchu de son essence. La tâche des poètes semble être de ce point de vue d'éprouver

---

[86] Ce terme de Lacoue-Labarthe désigne ici l'empreinte dans laquelle ce qui l'empreint devient présent.

[87] Par exemple : « Depuis que les „trois alliés substantiels" (…) ont quitté le monde, le soir de cet âge décline vers sa nuit (…) aucun dieu ne rassemble plus, visiblement et clairement, les hommes et les choses sur soi (…) » (PP, 323) ; ou : « cette essence reste encore en retrait », « Mais peut-être pas, encore pas, toujours pas (…) » (PP, 325).

l'essence de cet âge pour pouvoir sortir de l'abîme, d'éprouver l'abîme pour contribuer au revirement de l'abîme, comme si la nécessité était de renverser l'abîme. Dès lors, les poètes seraient évalués dans la mesure où ils répondraient à cette nécessité. Et nous, leurs interprètes, aurions à apprendre à les écouter correctement. Cela signifierait pouvoir faire l'épreuve de l'abîme. Dans la mesure où nous en ferions l'épreuve, nous pourrions (contribuer à) renverser l'abîme.

Cette lecture n'est sans doute pas tout à fait juste. Nous avons montré dans notre analyse du texte que, pour Heidegger, la détresse n'est pas quelque chose qu'on devrait dépasser. L'être même est la détresse. Le « ne plus » et le « ne pas encore » entre lesquels cet âge se trouve suspendu, convient à une autre conception (ou épreuve) du temps qui n'est pas celle du temps linéaire (du temps ontique). Il faudrait concevoir le temps selon la suspension de toute finalité et de toute origine, selon la suspension donatrice de l'étant. C'est pourquoi la tâche de la poésie elle aussi se suspend, et c'est pourquoi son interprétation ne l'évalue pas, mais la rencontre. Il demeure que Heidegger déploie cette pensée de manière bien équivoque. Comme s'il menait une opération contre lui-même, le langage qu'il emploie parle en même temps du contraire de ce qu'il donne à penser avec ce texte.

3.6. La mission historiale

Il y a donc dans *Wozu Dichter ?* d'une part l'annonce d'une tâche pour les poètes et pour leurs interprètes : l'épreuve de la nuit du monde qui prépare le revirement de l'abîme. Mais de l'autre, parce que cette épreuve revient à sa propre suspension, il s'agit de rester sur l'appel qui nous requiert en l'adressant de nouveau comme question[88]. Une telle ambiguïté caractérise aussi le revirement de l'abîme, c'est-à-dire le rapport de notre âge à l'originaire appartenance des quatre, dieux-mortels-ciel-

[88] Lacoue-Labarthe entrevoit aussi un double mouvement chez Heidegger en ce qui concerne la mission du poème (« Courage de la poésie », *Heidegger – La politique du poème*, op. cit.). Il s'agit de la mission du poème comme « courage » et « martyre de la poésie » d'une part et d'autre part de la mission du poète (le poète comme martyr) en tant que poète des Allemands.

terre (que plus tard il a nommé *Geviert* et qui désigne le tournant : *Kehre*)[89]. Alors que ce revirement revient à l'ouverture qui suspend le temps ontique et l'histoire chronologique, le motif de l'attente d'un revirement de l'abîme semble bien projeter le revirement dans un avenir indéterminé, pensé selon le temps linéaire. Précisément là où, comme nous l'avons montré dans notre analyse, se déploie la pensée du possible comme tel, Heidegger articule aussi l'attente et la préparation de ce revirement comme s'il allait venir après le temps de détresse et changer notre monde.

Ce que les poètes ont à entendre (ou à éprouver) et ce que nous avons à entendre en les lisant, est inappropriable. Cela est non-dit et non-dicible. C'est pourquoi l'évidence à laquelle parvient Hölderlin est aussi son extrême oubli. Et c'est aussi pourquoi une autre approche de la poésie est requise (non philosophique, esthétique ou historisante). Selon cette approche la question si Rilke est poète en temps de détresse est laissée ouverte. Ce non-dit et non-dicible est l'origine de la métaphysique (et du temps de détresse). Il est l'être qui n'est rien d'étant et qui est en retrait dans son avoir-lieu. La métaphysique est un envoi de l'être, une « historialisation » de l'être. Or, parce que cette origine n'est pas, elle n'a, comme le remarque Derrida à propos de l'approche heideggérienne de Trakl dans *La main de Heidegger*[90], pas d'autre contenu et pas d'autre langage que la métaphysique même.

La mission des poètes et de leurs interprètes est de répéter cet imprononçable ; mais celui-ci n'a pas de langage autre que la métaphysique. Le point à partir duquel se déploie l'équivoque du texte est qu'il y va de ce non-dit ou non-énoncé comme si c'était *une* chose, une réalité par rapport à laquelle la métaphysique serait conséquemment moins originaire. C'est ceci qui permet et même implique le mouvement paradoxal et équivoque du texte. Et Heidegger se présente comme étant à même de savoir *qui* l'éprouve. En outre, il est à même de peser cette épreuve suffisamment pour établir une hiérarchie entre les poètes (Hölderlin et Rilke) et les poèmes (de Rilke) selon le

[89] Cf. aussi Michel Haar, « Le tournant de la détresse », *Les Cahiers de l'Herne – Martin Heidegger*, Paris, 1983.

[90] Op. cit., p. 452.

degré auquel ils répondent à la mission (ou à la destination) historiale de la poésie. Or, ce qui fait la question et la difficulté de la chose est la manière dont il convient de penser le rapport entre historialité et histoire, et plus précisément, le rapport à l'histoire de la mission historiale de la poésie.

Nous avons déjà fait référence à la critique heideggérienne de l'Ouvert rilkéen, telle qu'elle paraît dans le cours sur Parménide, donné pendant l'hiver 1942-1943. L'épreuve de l'être dans et par la poésie, y est rapportée à une décision qui fonde l'histoire (*geschichtegründende Entscheidung*)[91]. La décision qui en 1942 est en instance est la décision de l'être et du non-être du peuple (allemand). Cette décision y est ramenée à la mise en jeu (de la question) de l'essence et de la vérité de l'être et du non-être. Le mot rilkéen de l'Ouvert, parce qu'il n'éprouve pas l'événement de l'être qui pourtant le conditionne en tant qu'il est poétique, ne s'élève pas à une décision qui puisse fonder l'histoire. Entendre vraiment ce mot cependant, entendre l'événement de l'être qui le conditionne et dont il se détourne, revient à cette décision qui fonde l'histoire.

Dans le cours sur Parménide, l'épreuve historiale revient à une décision qui fonde l'histoire, et plus précisément où il y va de l'existence du peuple (allemand). Dans *Wozu Dichter ?*, c'est le destin qui décide de ce qui dans cette poésie demeure historial, mais ni l'épreuve que fait le poète, ni l'épreuve que nous en faisons n'aboutissent à une finalité (une décision). C'est aussi pourquoi la question du statut de Rilke comme poète en temps de détresse est relancée et rouverte à la fin du texte. La certitude de la supériorité historiale de Hölderlin et tout ce qui suggère que la mission historiale des poètes et de leurs interprètes est de renverser l'abîme, est une opération que Heidegger semble en quelque sorte mener dans ce texte contre sa propre pensée. Cette opération semble bien avoir trait à l'exhortation à la décision qui fonde l'histoire sur l'être, ainsi qu'il la formulait dans les années de guerre. Un tel sens indique aussi le témoignage de Petzet et la lettre que Heidegger lui adressa deux ans après *Wozu Dichter ?* en 1948[92]. L'épreuve de

---

91 GA 54, p. 239.

92 Petzet, *Auf einen Stern zugehen,* op. cit., p. 55 : « Es ist nichts mit dem bloßen Erneuern des Alten, solange wir nicht die Grunderfahrungen

l'expérience fondamentale de Rilke (et de Nietzsche) y est abordée dans la perspective de la restauration de l'ancien : l'historial y est abordé comme pouvant fonder l'histoire.

Heidegger, comme premier recteur de l'université allemande, s'était engagé dans le national-socialisme avant de soumettre sa démission au Rectorat de Freibourg, ayant été déçu par le mouvement nazi. L'annonce de la tâche de la poésie pour fonder l'histoire sur l'être, ainsi qu'il en a souvent été fait remarque[93], a trait à son explication avec le nazisme visant à révéler la vérité que le mouvement nazi n'a pas pu voir. La fondation de l'histoire (et bien entendu celle du peuple allemand) sur l'historial éprouvé dans et par la vraie poésie serait ce qui a manqué au mouvement nazi. Hölderlin, qui, dans les années de guerre est nommé par Heidegger poète du poète en tant que poète des Allemands, serait le seul à la hauteur de la tâche qui convient à la poésie. Le passage qui suit tiré d'un cours de 1934-1935 est significatif :

> « Comme Hölderlin est cela en toute latence et difficulté, poète du poète en tant que poète des Allemands, il n'est pas encore devenu puissance dans l'histoire de notre peuple. Et comme il ne l'est pas encore, il faut qu'il le devienne. Y contribuer est de la „politique" au sens le plus haut et le plus propre, à tel point que celui qui arrive à obtenir quelque chose sur ce terrain n'a pas besoin de discourir sur le „politique" ».[94]

La poésie commanderait le politique. Puisque l'épreuve historiale y est conçue comme faisant et fondant l'histoire, la tâche de la poésie et de son approche semble être d'instaurer la vérité de l'être. Heidegger qui pourtant, comme le remarque Lacoue-Labarthe dans *Heidegger – La politique du poème*, récuse toute figure (*Gestalt*) issue du nietzschéisme, « n'en aura

---

Nietzsches und Rilkes nachvollziehen und mit ihrem Blick in das gegenwärtige Weltalter ernst machen ».

93 Notamment par Lacoue-Labarthe, par exemple dans *La fiction du politique*, op. cit., ou dans *Heidegger – La politique du poème*, op. cit.

94 Cours du semestre d'hiver 1934-1935 sur *Les Hymnes de Hölderlin : « La Germanie » et « Le Rhin »*, passage traduit et cité par Lacoue-Labarthe, dans *Heidegger – La politique du poème*, op. cit., p. 120.

pas moins qu'accepté, et plus qu'accepté, la figure du héros de la poésie, du demi-dieu, médiateur ou intercesseur entre les dieux et les hommes »[95].

Wozu Dichter ? est écrit en 1946, juste un an après la guerre. Heidegger y récuse la figure de la volonté de puissance, l'accusant, entre autres, de totalitarisme. Cependant, dans les points que nous avons indiqués ci-dessus comme constituant une critique de Rilke (poète qui n'a pas été apprécié par les nazis), Heidegger, en suggérant qu'il y a un poète (Hölderlin, le poète honoré par les nazis) apte à renverser l'abîme, reconduit la logique qu'il récuse comme tributaire du totalitarisme. Il y va de l'appropriation de l'essence manquée de notre âge, de l'avènement de son origine[96]. Sans doute, ainsi que nous l'avons montré dans notre analyse du texte, il serait réducteur et injuste de lire Heidegger univoquement de cette manière. Mais nous avons néanmoins montré qu'une telle lecture fait aussi partie du texte : le texte est équivoque. Comme si Heidegger menait une opération contre sa propre pensée, il met en œuvre une logique paradoxale, un « double bind »[97] comme le dirait Derrida. Ce qui permet et même requiert ce paradoxe est qu'il y va de l'être comme si c'était une chose, une réalité : l'origine oubliée de la métaphysique. Parce qu'il y va de l'épreuve de l'être comme tel comme s'il était assignable, et parce qu'il y va de cette épreuve par la poésie et dans la poésie, c'est-à-dire dans son approche (son interprétation, explicitation ou éclaircissement), un tel paradoxe est inéluctable.

3.7. L'interprétation comme rencontre

Nous avons montré dans l'analyse du texte que le déploiement de *Wozu Dichter ?* donne aussi à penser que l'épreuve de la nuit

---

95 Lacoue-Labarthe, *Heidegger – La politique du poème*, op. cit., p. 132.

96 C'est pourquoi selon Lacoue-Labarthe (par exemple dans *Heidegger – La politique du poème*, op. cit.), Heidegger définit dans ses cours sur Hölderlin l'essence de la langue, qui est l'essence de la poésie, comme mythe (*Sage*). Pour les rapports du mythe au totalitarisme voir les travaux déjà cités de Lacoue-Labarthe, et aussi Philippe Lacoue-Labarthe – Jean-Luc Nancy, *Le mythe nazi*, éditions de l'aube, La Tour d'Aigues, 1991.

97 Ce terme désigne la schizophrénie. Derrida l'emprunte à Gregory Bateson.

du monde ne mène pas au revirement de l'abîme : elle est l'épreuve de la différence interne de la « nuit du monde ».

L'interprétation de la poésie et la poésie même seraient épreuve (expérience) de l'être. La poésie, éprouvant l'être, ne le présente pas et elle n'instaure pas sa vérité. Elle répète l'appel de l'être en l'adressant de nouveau. De même, l'interprétation de la poésie n'a pas à présenter la vérité de l'être éprouvée par le poète ; elle répète cet appel en l'adressant de nouveau, le laissant de nouveau résonner. C'est la question qui tout en ayant guidé le texte, est pourtant laissée ouverte : *si* Rilke est poète en temps de détresse, quelle est son appartenance dans la nuit du monde ? L'être nous requiert comme question. C'est pourquoi l'entendre revient au devenir-question du dire poétique. L'épreuve de l'abîme par les poètes et par leurs « interprètes » a lieu comme rencontre sur la voie de l'histoire de l'être. Cette rencontre n'est pas celle de deux sujets dans un moment de l'histoire pensée à partir de l'étant comme succession des présents. Elle est la répétition d'une adresse par une adresse, la répétition d'une question qui redevient question. Cette rencontre ne peut pas fonder l'histoire sur l'être. Elle est plutôt l'agir de la différence selon laquelle l'histoire – et les sujets – ont lieu.

Ce qui ainsi « demeure » dans la poésie rilkéenne n'est pas une vérité assignable : c'est l'avoir-lieu même des rencontres sur la voie de l'histoire de l'être. L'épreuve de l'être pensée comme réponse à une adresse par une relance de cette adresse, prendrait en charge le fait que l'être n'est pas, et que donc sa vérité (le « comme tel ») ne peut pas constituer son objet. L'interprétation pensée ainsi serait en quelque sorte l'agir par lequel cette vérité se fait et se défait à la fois, l'agir qu'est la différence différente d'elle-même, agir qu'est l'être « comme tel ».

Cette interprétation serait plutôt « phatique » que « sémantique » pour emprunter une expression que Nancy emploie en parlant de « l'éthique de Heidegger »[98]. Cette conception de l'interprétation va dans la direction de l'*hermeneia* telle que Nancy l'a esquissée[99]. S'il est bien possible de dégager une telle

---

[98] Jean-Luc Nancy, « L'„éthique originaire“ de Heidegger », *La pensée dérobée*, Galilée, Paris, 2001, p.112

[99] Nancy, *Le partage des voix*, op. cit.

conception de l'interprétation à partir de *Wozu Dichter ?*, cela se fait aussi en partie – comme nous l'avons montré – contre ce texte même. Le texte oscille entre une pensée de la vérité de l'être et une pensée de l'« agir » de l'être.

L'interprétation pensée comme rencontre implique dans les termes d'*Être et Temps* une conception de l'être comme être-avec. C'est pourquoi la délimiter requiert un parcours d'*Être et Temps*. Nous allons montrer ce qui dans *Être et Temps* et selon sa terminologie ouvre la voie vers une telle conception de l'interprétation et ce qui lui fait obstacle. Ainsi, nous allons aussi pouvoir élucider l'équivoque de *Wozu Dichter ?* et la conception de l'interprétation que nous dégageons ici à partir de lui.

4. L'*HERMENEIA* DE L'ÊTRE DANS *ÊTRE ET TEMPS*

4.1. L'explicitation de l'être et le Dasein : la différence agissante

Le concept du *Dasein* est introduit dans *Sein und Zeit*[100] par le biais de la question du sens de l'être et en ce sens nous pourrions dire « de l'interprétation » de l'être. S'enquérir du sens de l'être, l'« interpréter », voudrait dire rendre transparent dans son être l'étant qui entreprend ce qu'on appelle ici l'« interprétation » de l'être : l'étant qui s'enquièrt du sens de l'être, l'étant qui questionne. Mais le rendre transparent ne signifie pas le représenter tel qu'il est : il signifie fixer le fil conducteur du questionner « là où il jaillit et là où il re-jaillit » (SuZ, 38)[101].

Dans le premier paragraphe d'*Être et temps* est affirmé que la question de l'être est la question du sens de l'être ; et que l'« indéfinissabilité » de l'être non seulement ne dispense point de la question de son sens, mais que précisément elle l'exige. Or, si l'impossibilité d'une définition de l'être exige la question de son sens, ce n'est pas pour accomplir ce qui n'est pas accompli et porter l'être à définition. L'impossibilité d'une définition de l'être et la question de son sens vont de pair : l'une implique l'autre et c'est justement ce rapport des deux qu'il s'agit d'élucider. C'est cette impossibilité de définition de l'être qui requiert son « interprétation », tout en suspendant la vérité sur laquelle ladite « interprétation » est censée aboutir.

La question de l'être est la question du sens de l'être, or le sens de l'être doit être préalablement disponible (selon l'orientation du chercher à partir du cherché). Il est alors disponible, bien que de manière vague, en tant que fait de la compréhension moyenne de l'être dans laquelle nous nous mouvons. Le questionné de la question est l'être (« ce qui détermine l'étant

[100] Martin Heidegger, *Sein und Zeit*, Niemeyer, Tübingen, 1993.

[101] Désormais nous signalons ainsi la pagination de l'édition allemande de *Sein und Zeit*. Nous suivons la traduction de E. Martineau (*Être et Temps*, op. cit.), en la modifiant parfois.

comme étant, ce par rapport à quoi l'étant, de quelque manière qu'il soit élucidé, est toujours déjà compris » (SuZ, 6). Mais l'être de l'étant n'est pas un étant, c'est pourquoi « le premier pas philosophique dans la compréhension du problème de l'être consiste à ne pas *μῦθόν τινα διηγεῖσθαι*, „raconter d'histoire", c'est-à-dire à ne pas déterminer l'étant comme étant en sa provenance par le recours à un autre étant (…) » (ibid.).

En tant que question théorique la question de l'être requiert que le questionné soit « déterminé et porté au concept » (SuZ, 5). Le demandé ainsi de cette question est le sens de l'être, l'être porté au concept. Mais l'être n'est pas un étant, et « raconter une histoire » à propos de l'être, serait considérer l'être comme présentable, c'est-à-dire comme étant. Pourtant « être veut dire être de l'étant » (SuZ, 6), il veut dire ce qui « détermine l'étant comme étant ». L'interrogé est ainsi l'étant. En outre, la question du sens de l'être, en tant que position de question explicite, exige le devenir transparent préalable de son questionner, mais questionner est le mode d'être d'un étant déterminé, celui qui questionne. Or, élaborer la question de l'être veut dire rendre transparent l'étant qui questionne dans son être. « Cet étant que nous sommes toujours nous-mêmes et qui a entre autres la possibilité essentielle du questionner, nous le saisissons terminologiquement comme „Dasein", „être-là" » (SuZ, 7). La position de la question de l'être exige alors l'explicitation du *Dasein*[102] au point de vue de son être.

La question du sens de l'être se caractérise ainsi par une circularité « une retro- et pré-référence » (SuZ, 8) qui renvoie le questionné (l'être) au questionner (en tant que « mode d'être d'un étant déterminé »), et le questionner en tant que tel au questionné. De plus, non seulement le *Dasein* est de prime abord impliqué dans la question du sens de l'être en tant que questionner, mais la manière dont le *Dasein* se rapporte à l'être, la manière dont il renvoie à l'être et la manière dont l'être renvoie au *Dasein*, se caractérisent par la circularité de la structure de la question du sens de l'être. Rendre transparent le

---

[102] En Allemand courant *Dasein* signifie existence, mais dans la terminologie de cet ouvrage il signifie l'étant qui – et en tant qu'il – donne lieu à l'être, l'« être-là ». Nous allons dans notre texte, comme le fait Martineau, conserver le terme allemand.

Dasein, l'expliciter au point de vue de son être, renvoie bien à l'être, mais cet être, n'étant pas un étant, n'étant pas alors (re)présentable, renvoie de nouveau au *Dasein*, en ce qu'il le détermine comme tel.

Cette circularité de la question du sens de l'être n'est pas celle de la démonstration finale d'un présupposé vague[103] (le sens de l'être comme conceptualisation de la compréhension moyenne et vague de l'être), mais celle du renvoi du questionné au questionner et même surtout de l'avoir-lieu du questionné comme questionner, de l'être comme *Dasein*, où le questionner (*Dasein*) ne tient qu'à ceci : au fait qu'il renvoie au questionné (à l'être). Ce renvoi mutuel les suspend, cette suspension ayant lieu comme l'agir ou l'être-en-acte du questionner. L'agir du questionner, le questionner comme acte, implique le singulier de ce qui à chaque fois est en train de questionner.

Mais le questionné comme questionner étant dans la singularité, étant à chaque fois l'agir du questionner, étant son « en train de » (questionner), se suspend comme tel : il suspend a priori sa définition dans la mesure où ce en vue de quoi il se définit, sa fin, le voue à l'agir ou l'être-en-acte sans fin de sa fin. Le mot *Ziel* (« but ») que Heidegger emploie ci-dessus pour définir le demandé (« wobei das Fragen ins Ziel kommt ») nous permet ainsi, en employant une formule qui contient des résonances kantiennes, de dire que la question du sens de l'être relève d'une finalité sans fin et que celle-ci serait de l'ordre de quelque chose comme un être-en-acte. Ainsi le questionné comme questionner implique dans un certain sens la crise, « la révision plus ou moins radicale et transparente pour elle-même des concepts fondamentaux » (SuZ, §3, 9), comme il est dit un peu plus loin à propos des sciences : « Le niveau d'une science

---

[103] En ce qui concerne l'enjeu du cercle herméneutique dans sa forme classique, cf. Nancy, *Le partage des voix*, op. cit., p. 18 : « Le cercle herméneutique suppose donc trois traits déterminants : une immédiateté originaire (perdue), l'intervention d'un substitut de cet état originaire, et la relève de ce substitut. Le cercle herméneutique est ainsi suspendu à la supposition, ou à la présupposition d'une origine : origine du sens aussi bien que de la possibilité d'y participer, origine infinie du cercle dans lequel l'interprète est toujours déjà pris. Le cercle n'est fait de rien d'autre que du mouvement d'une origine, perdue et reconquise par la médiation de son substitut. »

se détermine par la mesure en laquelle elle est capable d'une crise » (ibid.).

L'existence du *Dasein* doit être pensée comme le nouage du rapport d'être selon cette structure circulaire. Le *Dasein* se comporte toujours d'une manière ou d'une autre par rapport à son être, comme il se comprend toujours d'une manière ou d'une autre en son être. Cet être qui double ou dédouble l'être du *Dasein*, l'être qui fait entendre de manière transitive le « est » dans la phrase « l'être que le *Dasein* est », l'être par rapport auquel le *Dasein* se comporte, est son être comme sien, mais cet « est » indique désormais le nouage de ce qui a été nommé auparavant « rapport d'être (*Seinsverhältnis*) » (ibid.). Ce rapport d'être fait que le *Dasein* ne possède pas le rapport à son être, qu'il est en nouant un rapport à son être et non pas en déployant son être comme sa propriété établie. Ainsi l'existence de l'être-là consiste dans le nouage du rapport en tant que son être se dédouble.

Par là, l'essence du *Dasein* (*Wesensbestimmung*) ne pourrait pas être « l'indication d'un quid réal (*sachhaltigen Was*) » (SuZ, §4, 12). L'essence de l'être-là consiste à avoir à se tenir en rapport d'être à son être, à avoir à être à chaque fois son être en tant que sien. Ce « à avoir » désubstantialise l'essence, il la fait différer d'elle-même et la relance comme agir, être-en-acte, il la relance comme le singulier, le à-chaque-fois de son propre nouage. C'est pour être conforme à cette désubstantialisation de l'essence que le titre de *Dasein* (être-là) a été choisi pour désigner cet étant.

Or, l'existence du *Dasein*, cela veut dire : son être comme possible, ce qui implique à la fois la possibilité d'être lui-même et de ne pas être lui-même. Son être est possible dans la mesure où il diffère de l'être donné. Son être dédoublé est son être suspendu. Car une possibilité est et demeure telle dans la mesure où ce qu'elle possibilise, saisi depuis son pouvoir-être, est précédé et succédé par sa négation. Cette négation soustrait le *Dasein* toujours déjà à son devenir-donné. Ainsi, son existence – sa possibilité d'être son être comme sien – est conjointement sa possibilité de ne pas l'être comme sien.

« Les deux modes d'être, l'être en propre et le ne pas être en propre (*Eigentlichkeit und Uneigentlichkeit*), se fondent dans le fait que le Dasein est en général déterminé par la mienneté » (SuZ, §9, 43). Parce qu'il est déterminé par la mienneté comme ayant à chaque fois à l'être et non pas comme donnée, parce qu'il a à possibiliser la mienneté, il a la possibilité d'être en propre ou de ne pas l'être. Or, ne pas être en propre « ne signifie point un „moins"-être ou un degré d'être „plus bas" » (ibid.). Le ne-pas-être-en-propre (*Uneigentlichkeit*) du Dasein, peut ainsi le déterminer même selon « sa concrétion la plus pleine, dans sa capacité d'être occupé, stimulé, intéressé, réjoui » (ibid.)[104].

Le se-comprendre du *Dasein* est un rapport d'être selon lequel son être lui est ouvert. Or il lui est ouvert à partir de et selon cette possibilité du *Dasein*. Cela revient à dire qu'il ne possède pas cette ouverture mais qu'il l'est de manière transitive. L'ouverture qu'il implique est donc à entendre comme un être-ouvert-à... selon lequel il est son être comme sien, c'est-à-dire qu'il a la possibilité de l'être et (ou) de ne pas l'être.

À chaque fois, le *Dasein*, selon la possibilité qu'il saisit ou omet dans son exister, décide de son existence. Mais cette existence (son être comme sien) renvoie à son tour à l'exister, puisqu'elle n'est que sa possibilisation (sa possibilité d'être son être comme sien ou de ne pas l'être) dans et comme l'exister. La décision de l'existence que le *Dasein* prend en existant est à saisir dans ce qui la voue a priori à sa remise en jeu. Elle est donc à saisir dans ce qu'elle a d'indécidable, comme ce qui peut être à chaque fois à décider, à possibiliser la possibilité du *Dasein* d'être son être comme sien ou de ne pas l'être. C'est ainsi la « structure circulaire » du *Dasein* qui le suspend et le relance, qui le désubstantialise, qui le fait n'être qu'agissant, d'un agir qui le remet en jeu, relançant son questionné (l'être) comme questionner.

L'étant possibilise l'excès absolu de l'être ; l'être n'étant nulle part ailleurs que dans la singularité, dans la structure qui à chaque fois possibilise son excès. « *L'être est le transcendens par excellence.* La transcendance de l'être du Dasein est une

---

[104] Afin de souligner qu'il n'y a aucune hiérarchie entre la *Eigentlichkeit* et la *Uneigentlichkeit*, Jean-Luc Nancy propose dans « La décision d'existence », (*Une pensée finie*, Galilée, Paris, 1990, p. 132-134), de traduire la *Eigentlichkeit* par l'« être en propre » et non pas comme Martineau le propose, par l'« authenticité ». Nous adaptons ici la traduction de Nancy.

transcendance insigne, dans la mesure où en elle réside la possibilité et la nécessité de la plus radicale *individuation* » (SuZ, §7, 38). La transcendance de l'être n'a lieu que comme le se-rapporter à son être du *Dasein* ; elle n'a lieu que comme le « à chaque fois » de la possibilisation de la possibilité du *Dasein* d'être son être comme sien ou de ne pas l'être. Elle est donc une transcendance qui ne mène à aucun au-delà et qui est à chaque fois sa propre suspension et sa remise en jeu, sa « radicale individuation ». La radicale individuation de l'être revient à l'être en tant qu'il n'est rien d'étant : l'être en tant qu'il ne peut pas être approprié comme essence de l'existence du *Dasein*. Le *Dasein* n'est que comme le à-chaque-fois de son exister, la singularité à partir de laquelle et en tant que laquelle il se comprend, selon la plus radicale individuation que la transcendance de l'être nécessite.

Or, l'herméneutique du *Dasein*, « le travail de l'explicitation » (SuZ, 37) du *Dasein*, son interprétation, en tant qu'elle pose la question de l'être, doit renvoyer à son propre questionner, et saisir la question de l'être dans sa possibilisation, c'est-à-dire saisir la question de l'être comme le questionner qui la possibilise ; la possibilisation n'ayant lieu que selon l'(in)décidabilité de sa possibilité. Le « cercle herméneutique » n'y devrait pas être entendu comme l'appropriation finale d'un présupposé vague, mais selon ce qu'on a appelé ci-dessus « structure circulaire » ou circularité de la question de l'être. Or en fait, même les termes de « structure circulaire » et « circularité » sont inappropriés, car ils évoquent une propriété immanente, celle du cycle, là où il s'agit de la « désubstantialisation » de l'immanence, de la suspension et de la relance que l'être-en-acte, l'exister, est. L'herméneutique du *Dasein* doit alors fixer « le fil conducteur de tout questionner philosophique là où il jaillit et là où il re-jaillit. (...) La compréhension de la phénoménologie consiste uniquement à se saisir d'elle comme possibilité » (SuZ, 38).

4.2. L'être-possible de la mienneté du Dasein comme l'être-à de son exister

Dans la phrase « Le Dasein *est* son être comme sien », il convient d'entendre le « *est* » comme transitif. L'être comme transitif n'attribue pas le prédicat au sujet comme une propriété sous-la-main. Il indique ce qu'on a nommé « rapport d'être », ou « nouage de rapport », en tant que rapport qui lie les deux termes sans faire de cette liaison quelque chose de donné. Selon cette transitivité, le mode d'être du *Dasein*, son exister, est un être-à, à partir et selon lequel il y a à chaque fois monde. Ainsi « l'être-au-monde » est une constitution a priori nécessaire du *Dasein*. L'être-à... en tant que mode d'être du *Dasein* n'indique pas le déploiement du *Dasein* comme mise en rapport à de l'étant – comme par exemple « l'être-dans » de quelque chose dans quelque chose, ou de l'être-à-côté de deux étants contigus. Le rapport indiqué par l'être-à précède la substantialisation de ceux qu'il lie et la suspend à la fois. L'exister du *Dasein* est transitif, il est-à... L'être du *Dasein* implique avec son être, avec et dans la mesure de la mienneté de son être, la mise en rapport à autre « chose ».

C'est à partir de l'être-à qu'il peut y avoir toucher et encontre des étants. Le mode en lequel le *Dasein* est à chaque fois, « la factualité propre au fait du Dasein », est nommée sa « facticité ». Ce terme signifie alors la factualité du *Dasein* en tant que celui-ci n'est pas un étant immanent mais a le mode d'être d'être-à... Que le *Dasein* rencontre un étant implique que cet étant « peut en général se montrer à partir de lui-même à l'intérieur d'un monde » (SuZ, §12, 57). Mais ce monde n'existe pas indépendamment du *Dasein* : l'espace et le monde se donnent chaque fois dans l'être-à du *Dasein*, dans son être en tant que rapport à autre chose. Or, l'étant qui n'a pas le mode d'être du *Dasein* n'est pas pour autant une immanence. La condition de possibilité de son surgissement est l'être-à, et c'est lui qui implique la rencontre.

Étant toujours au monde, le *Dasein* est souci. Préoccupé et capté, il se trouve de prime abord dehors. Ce dehors – tout autant que le dedans, l'« intérieur » – se donne et se suspend en même temps dans et par le rapport qui transite l'être du *Dasein*.

Dehors et intérieur ne peuvent être considérés comme tels, comme sous-la-main, que lorsqu'il y a une déficience de l'avoir-affaire préoccupé du *Dasein*. Le retrait de la pré-occupation peut devenir un séjourner auprès de... et ceci un accueillir ayant le mode « d'accomplissement de l'advocation (*Ansprechen*) et de la discussion (*Besprechen*) de quelque chose comme quelque chose » (SuZ, §13, 62) ; accueillir devenant ainsi expliciter et déterminer qui peut être conservé et préservé comme énoncé (*Ausgesagte*) dans l'énoncé (*Aussage*).

L'énoncé est de la sorte un mode de l'être-au-monde, et non pas la représentation par un sujet du monde extérieur. Or, il faudrait entendre le « monde » dans l'être-au-monde non pas comme ce monde-ci ou ce monde-là, étant sous-la-main, mais comme un caractère du *Dasein*. C'est la mondanéité du monde qu'il faudrait élucider. Car, s'il est un caractère du *Dasein*, il n'est ni subjectif ni objectif. « Désubstantialiser » pour ainsi dire les catégories de sujet et d'objet, serait penser le *Dasein*, et selon ceci le monde, et même le monde « commun » « dans » lequel nous sommes, à partir et selon l'être-à... du *Dasein*. « Mondain » : ce mot va désigner un mode d'être du *Dasein* ; alors qu'« intramondain » renvoie à un mode d'être de l'étant sous-la-main. Ainsi, le monde entendu comme nature représentée dans le connaître n'est qu'une « démondanéisation » du monde en tant que caractère du *Dasein* et, en tant que tel, il en dépend.

Le monde le plus immédiat du *Dasein* quotidien est le monde ambiant. Or, si ce monde ambiant implique la spatialité, le caractère spatial qui appartient à un monde « ne peut être éclairci qu'à partir de la mondanéité » (SuZ, §14, 66), et est à penser en tant que spatialité du *Dasein*. L'étant que nous rencontrons dans le monde ambiant est l'étant dont d'une manière ou d'une autre nous nous préoccupons. Cet étant est l'étant intramondain dont nous faisons usage dans le monde. C'est un outil, car il désigne quelque chose pour... : il désigne une chose en la renvoyant à autre chose. L'être-sous-la-main est un mode d'être dérivé de l'être-à-portée-de-la-main[105], de la

[105] Être « à-portée-de-la-main » ou être « maniable », sont deux traductions possibles du « zuhanden », traductions que nous allons alterner.

même manière que la connaissance est un mode dérivé de l'être-au-monde. Or, l'étant à-portée-de-la-main ne se montre pas comme tel, il se retire en quelque sorte ; et c'est ainsi qu'il peut venir effectivement à portée de la main.

Pourtant l'étant à-portée-de-la-main est quelquefois rencontré de telle manière qu'il ne se retire pas dans son usage mais vient effectivement et seulement à portée de la main. Lorsque la préoccupation se heurte à l'impossibilité d'employer un outil, ou à un outil maniable mais absent, ou à un étant à-portée-de-la-main qui lui résiste, la mondialité de l'à-portée-de-la-main se montre. Dans la perturbation de la structure de l'à-portée-de-la-main, structure déterminée par des renvois, le renvoi devient manifeste. Ainsi, le réseau des renvois où la préoccupation se tient, à savoir son lieu, devient visible. « Avec une telle totalité c'est le monde qui s'annonce » (SuZ, §16, 75). Il faut la rupture des renvois pour que leur réseau devienne visible.

Le *Dasein* même en tant qu'être-à est renvoi : il est en se renvoyant. Or l'être du Dasein ouvre la possibilité des renvois. La totalité des renvois selon lesquels le *Dasein* à chaque fois est, est le là de son avoir-lieu, le lieu où sa préoccupation se tient. Ce lieu de l'avoir-lieu du *Dasein* selon lequel le regard maniable est, le lieu qui ouvre à chaque fois les renvois, est invisible pour ce regard qui porte toujours sur l'étant. Il devient visible lorsque la maniabilité est troublée, lorsqu'il y a rupture des renvois. Ce là, ce lieu du *Dasein*, n'est pas un espace entendu comme étant sous-la-main. Il est l'ouverture qui précède les renvois, l'ouverture selon laquelle il y a un complexe de renvois. Le monde n'est alors pas un ensemble d'étants sous-la-main mis en rapport. Au contraire, il est impliqué dans le rapport préoccupant du *Dasein* à de l'à-portée-de-la-main, comme la totalité de renvois rendus possibles par l'ouverture de son être-à. Être-au-monde et être ouvert à... s'impliquent ainsi mutuellement.

La totalité de renvois, dans la mesure où elle est et peut faire encontre, a également la structure du renvoi. Elle est référée à un pour-quoi qui n'est rien d'étant, qui n'est plus un étant maniable à l'intérieur du monde. Elle fait donc paraître la structure du *Dasein* qui, s'il a la structure du renvoi, ne renvoie pas à un étant qui renverrait à un autre étant etc., mais il renvoie à – et retourne de – son être en tant qu'il n'est pas un étant mais qu'il rend possible les renvois.

Le *Dasein* est en se comprenant. Il se comprend en se renvoyant à cela en vue de quoi il est, c'est-à-dire à sa possibilité d'être. En se renvoyant à sa possibilité d'être, il retourne d'elle. En retournant d'elle le *Dasein* laisse préalablement de l'étant faire encontre, c'est-à-dire qu'il se renvoie à l'avec d'un ensemble de renvois, c'est-à-dire qu'il se renvoie à des pour-quoi, selon lesquels de l'étant lui fait encontre. Selon la structure du renvoi, l'écart de soi que le renvoi implique préalablement, s'articule comme laisser-faire-encontre. Or, ce dans quoi le *Dasein* se comprend est ce vers quoi il laisse préalablement de l'étant faire encontre. Ce « dans » et ce « vers » qui est le monde, et dont la structure est la mondanéité du monde, n'est pas une immanence. Il surgit à chaque fois à même la facticité du *Dasein* en tant que ce dernier est sa possibilité d'être et a la structure du renvoi, c'est-à-dire en tant qu'il est à chaque fois l'ouverture préalable en retour de quoi il peut y avoir encontre, rencontre, renvoi, réseau et totalité des renvois.

Or l'espace (et le monde) est déterminé à partir du « à chaque fois » du *Dasein*. Le « à chaque fois » – qui relève donc de la temporalité – conditionne l'espace. Ce conditionnement « désubstantialise » – pour ainsi dire – l'espace, ou plutôt il le rend contemporain de sa création, si par création nous n'entendons ni l'acte d'un sujet ni la production d'une œuvre, mais la *praxis* dans son nouage : l'agir, le *prattein* ou le *poiein* dans leur activité, et non pas leur achèvement dans une œuvre. Cette remarque – que l'espace est contemporain de sa création – relève d'une finalité sans fin, c'est-à-dire d'une finalité suspendue qui se relance comme sa propre remise en jeu. Cette finalité sans fin est une structure qui caractérise la question de l'être en tant qu'elle se relance comme son questionner – évoquée auparavant comme circularité de la question du sens de l'être.

L'espace est l'avoir-lieu de l'agencement que la possibilité du *Dasein* d'être son être implique à chaque fois. Cette possibilité est conjointement la possibilité de ne pas être son être, possibilité en-vue de laquelle le *Dasein* se comprend à chaque fois. Or l'être du *Dasein* est spatial : il n'est pas « dans l'espace », car l'espace comme tel n'est que le nouage de l'être du *Dasein*.

Si le comprendre que le *Dasein* est en tant qu'être-à, ouvre à chaque fois un monde à partir de son « *se* renvoyer » en tant que ceci diffère son « soi » renvoyé, alors le *Dasein* se possibilise et possibilise avec lui à chaque fois un monde, dans la mesure où il se rend passible d'un abandon de soi. L'être-soi du *Dasein* est à chaque fois rendu possible dans la mesure où il s'est rendu passible d'un non-être-soi. Si le monde et l'espace ne sont à chaque fois qu'à partir de l'être du *Dasein*, ils ne sont pas soumis au *Dasein* comme à une instance immanente. La transitivité de l'être du *Dasein*, ou autrement dit la possibilité-passivité du *Dasein*, son soi abandonné, soustrait monde et espace à la maîtrise du *Dasein*. L'être-à du *Dasein* implique autre chose que le *Dasein*, mais il implique autre chose dans la même mesure où il implique le retrait, la passivité et l'abandon du *Dasein* lui-même. Il faudrait alors saisir l'être-à à un niveau plus fondamental que celui des étants maniables : un niveau qui précède leur usage préoccupé. Il faudrait peut-être conjuguer être-à et être-avec, les entendre ensemble, si le dernier invite à penser l'autre chose que le *Dasein* implique à chaque fois comme non subordonné au *Dasein* : penser l'être-ensemble qu'est le *Dasein* à chaque fois, possible et passible de soi, abandonné.

4.3. L'être-avec et le On

Le qui du *Dasein* est donc à penser selon la transitivité de son être, selon son être-à. Penser le qui du *Dasein* comme le sujet, le *subjectum* qui se maintient identique dans les changements et se rapporte à cette multiplicité, serait le penser comme un étant sous-la-main. Or, il n'a pas le mode d'être de cet étant. La traversée de l'être du *Dasein* ouvre le *Dasein* simultanément et sans aucune hiérarchie, que ce soit d'origine ou autre, comme moi, non-moi et autre que moi – autre étant, monde, espace et autre *Dasein*. Le « là » du *Dasein*, le monde et l'espace que, en tant qu'être-ouvert-à il est à chaque fois, est aussi le « là » d'autres *Dasein*.

La passivité du *Dasein* qui possibilise sa « mienneté », son se-renvoyer différant de lui-même en tant qu'il ne renvoie à rien d'étant et en constitue ainsi à chaque fois l'ouverture à partir de laquelle il y a totalité de renvois, assigne un monde au *Dasein* dans la mesure où le *Dasein* « s'abandonne » pour ainsi dire, en se possibilisant. Or ce monde, cette totalité de renvois, implique d'autres *Dasein*. Et même, puisque les étants maniables sont tels à partir du monde où ils sont maniables par d'autres, le monde implique toujours d'autres *Dasein*. Alors le monde ou le là du *Dasein*, est originairement un être-avec d'autres *Dasein*. Ainsi, cet être-avec n'est pas l'être-ensemble des sujets : il est contemporain de l'abandon qui les possibilise. L'être-là est un être-avec. Or cet être-avec précède tout sujet. Le monde est l'être-avec des étants (et donc aussi des *Dasein*) en tant que cet *avec* est contemporain de leur passibilité (l'abandon de soi qui les possibilise) et précède toute substantialisation. « Si l'on voulait identifier en général le monde avec l'étant intramondain, l'on serait forcé de dire que le „monde" est aussi *Dasein* » (SuZ, §26, 118). Le monde n'est pas « subordonné » au *Dasein*, il jaillit au point d'abandon possibilisant le *Dasein*, en tant que l'être-avec que le *Dasein* est d'abord et toujours.

Si les autres sont à chaque fois orientés sur le *Dasein* propre, s'ils lui font encontre à partir de son être-au-monde, le *Dasein* propre n'est pas un « moi » « privilégié et isolé, de telle manière qu'il faille ensuite chercher un passage conduisant de ce sujet isolé vers autrui » (ibid.). Les autres ne sont pas « tout le reste des hommes en-dehors de moi, dont le Moi se dissocierait – les autres sont bien plutôt ceux dont le plus souvent l'on ne se distingue pas soi-même, parmi lesquels l'on est soi-même aussi » (ibid.). L'orientation des autres à partir d'un *Dasein* propre devrait être pensée à partir d'une déconstruction de tout sujet, puisque, en tant que le *Dasein* est sa possibilité d'être son être comme sien, et donc en tant qu'il est l'abandon qui le possibilise, il est d'abord être-avec. Le *Dasein* est donc toujours d'abord partage : « Sur la base de ce caractère propre de l'être-au-monde, le monde est à chaque fois toujours déjà celui que je partage avec les autres. Le monde du *Dasein* est monde commun. L'être-à est être-avec avec les autres. L'être-en-soi intramondain de ceux-ci est être-Là-avec » (SuZ, 118-119).

Nous avons déjà vu que le « *Dasein* propre », aussi bien que « l'autre comme autre », ne sont pas des sujets sous-la-main tels un Moi se maintenant dans la multiplicité des vécus. L'être propre n'est pas attribué au *Dasein* comme à une substance. Que le *Dasein* comprenne son être en tant qu'il n'est pas substantiel, voilà sa « propriété ». Cette « propriété » est alors à saisir selon la facticité du comprendre, a priori différée d'elle-même, jetée dans le à-chaque-fois de son être-en-acte.

Le *Dasein* s'ouvre ainsi à soi-même en tant qu'il diffère de soi : il est tout autant (ou tout aussi peu) soi-même que différent de soi-même. Mais l'altérité n'est pas elle non plus attribuée à l'autre comme à une substance. L'autre diffère aussi en soi de soi. « L'autre comme autre » est l'autre différant de lui-même. Ainsi, la compréhension d'être du *Dasein* propre amène à cet abandon du propre qui est le « propre » du *Dasein* en tant qu'ouverture factice du propre à l'autre comme autre. Le *Dasein* est ce qu'il fait. Si propriété et altérité s'ouvrent dans la compréhension comme co-impliquées, c'est que la compréhension est elle-même un rapport d'être, un être-à : elle est elle-même factice.

Parce que la mienneté du *Dasein* est à saisir comme possibilité, et que l'essence du *Dasein* est à penser à même son existence, objet et sujet sont à saisir (et à déconstruire) à partir et selon la transitivité de l'être-à de son exister, même si ontiquement l'évidence que le *Dasein* est « à chaque fois mien », contient « une possible séduction » (SuZ, §25, 116)[106]. Cette séduction[107] consiste à prendre aisément comme donné ce qui n'est que possibilité. La mienneté n'est pas le fondement de l'agir. C'est au contraire selon l'agir de l'être-possible, de l'être

---

106 Ainsi que SuZ, §26, 125 : « (…) les diverses possibilités d'être du Dasein lui-même séduisent et dénaturent l'être-l'un-avec-l'autre ».

107 La séduction que l'« inauthenticité » (le « ne pas être en propre ») exerce, telle la tentation du mal dans le christianisme, est selon nous l'une des raisons pourquoi Heidegger privilégie l'authenticité (ou l'être-en-propre) contre l'in-authenticité (ou le ne-pas-être-en-propre). Nous exposons cette problématique à la fin du chapitre sur *Être et Temps*.

transitif, de l'être-à, que la mienneté doit être considérée dans sa contemporanéité à une altérité, qui, parce qu'elle n'est pas subordonnée à la mienneté, n'est pas l'altérité du « moi ». L'altérité ne permet pas sa relève dans le « moi » du *Dasein*.

L'essence comme existence, l'existence comme exister, la possibilisation de la possibilité de la mienneté du *Dasein*, l'être-à et l'être-avec, tout ceci se laisserait donc mieux désigner dans une analyse de la quotidienneté du *Dasein*, de son de-prime-abord-et-le-plus-souvent, car cela laisserait ainsi désigner l'in-différence en tant que la différence (de soi que le *Dasein* est) qui diffère et est libre de différer.

Le *Dasein* propre fait de prime abord et le plus souvent encontre à partir « du monde commun tel qu'il est objet de préoccupation dans le monde ambiant ». Or, « dans son identification au monde de la préoccupation, autrement dit en même temps à l'être-avec pour les autres, le *Dasein* n'est pas lui-même » (SuZ, §26, 125). L'être-l'un-avec-l'autre dissout le *Dasein* propre dans le mode d'être « des autres », impersonnel et neutre. C'est ainsi que le On déploie sa « dictature ». Le On que nous sommes, qui n'est rien de déterminé, prescrit le mode d'être de la quotidienneté. Le On, en jugeant et décidant d'avance, ôte au *Dasein* sa responsabilité. Il décharge le *Dasein* et est complaisant avec lui. C'est pour cela qu'il « maintient et consolide sa domination têtue » (SuZ, 128).

On est alors selon la guise de la dépendance et de l'in-authenticité, qui pourtant est une modalité de la facticité du *Dasein*, lequel dans ce mode est « ens realissimum » (ibid.). Le On est, insaisissable et caché, le « sujet le plus réel de la quotidienneté » (ibid.). Il n'est pourtant point un « sujet universel flottant au-dessus d'une multiplicité de sujets » (ibid.) non plus. Il n'est pas le genre de chaque *Dasein*, et il n'en est pas une qualité permanente non plus. Il est un « existential, et il appartient, en tant que phénomène originaire, à la constitution positive du *Dasein* » (SuZ, 129).

Puisque le On-même du *Dasein* quotidien est une modification existentielle appartenant à la constitution positive du *Dasein*, et puisque l'être en propre (l'être « authentique ») du *Dasein* n'en est qu'une autre modification existentielle, il n'y a pas de hiérarchie entre les deux. En tant que On il est là-avec sans être en propre, c'est-à-dire sans avoir assumé ou sans avoir décidé de l'abandon de soi qui le possibilise en tant qu'être-là-avec. Il est là-avec sans avoir compris l'abandon de soi que l'être-là-avec implique autant pour lui-même que pour les autres qui sont là-avec. C'est pourquoi il s'identifie à la médiocrité que sont tous et personne. Il est selon l'abandon de soi de l'être-avec, mais puisqu'il ne le « sait » pas, il identifie cet abandon de soi à l'« impersonnalité » ou la neutralité du On. Mais le *Dasein* ne précède pas à titre de sujet l'être-là-avec, il n'en est pas le fondement. Or la décision, l'assomption, le comprendre ou le savoir de cet abandon primaire de soi qui lui permettrait d'être en propre, ne peut pas retourner et être approprié par le *Dasein* comme sujet, de même que l'être-en-propre du *Dasein* ne peut pas avoir la primauté par rapport au On. Que le « soi » du *Dasein* soit contemporain de son abandon en tant qu'être-avec implique que l'assomption de cet abandon, qu'elle soit nommée comprendre ou décider, ne peut qu'être précédée et succédée par une absence d'assomption.

4.4. La constitution de l'être-là du Dasein

L'être du *Dasein* est constitué de l'affection, du comprendre et du parler. Ces guises constitutives du *Dasein* sont co-originaires : l'affection a à chaque fois sa compréhension ; le comprendre est à chaque fois selon une tonalité affective ; et cette compréhensivité affectée s'exprime comme parler.

Avec ce chapitre, nous parvenons au noyau de la problématique de notre recherche. *Être et Temps* ouvre la voie pour penser l'*hermeneia*[108], et avec elle l'interprétation et la poésie, comme le partage qu'est l'avoir-lieu de l'être, c'est-à-dire comme le partage qu'est le *Dasein* en tant qu'être-avec. Cette problématique cependant n'est pas thématisée telle quelle dans cet ouvrage. Le « partage » est loin d'être un des concepts majeurs de Heidegger – s'il en est un. Nancy, en reprenant cette problématique, et cela en partie contre Heidegger, l'interroge

[108] Au fond, il s'agit de l'*hermeneia* de l'être et de l'être comme *hermeneia*, c'est pourquoi l'analytique du *Dasein* a été introduite par et comme la question du sens de l'être.

dans plusieurs de ses travaux[109]. Notre façon de procéder dans le chapitre qui suit consiste à mettre en avant le terme « partage », bien que Heidegger ne s'y réfère que fugitivement, et de voir comment cette thématique s'y articule. Par la suite, nous allons examiner ce qui, dans l'évolution d'*Être et Temps*, peut nous faire avancer dans le sens d'une telle conception de l'*hermeneia* et ce qui y fait obstacle : nous allons étudier son équivoque.

L'affection

L'affection, ontologiquement entendue, est ontiquement la tonalité, le fait d'être disposé. Le *Dasein* est à chaque fois toujours déjà selon une tonalité affective. L'atonie affective, c'est-à-dire l'indifférence, est elle aussi une tonalité : la tonalité dans laquelle l'être se manifeste comme un poids pour le *Dasein*. Même si une tonalité exaltée peut délivrer de ce poids, tout en se délivrant de lui, elle ouvre également le caractère de « fardeau » du *Dasein* : « La tonalité manifeste „où l'on en est et où l'on en viendra". Dans cet „où", l'être-intoné transporte l'être en son „Là". Dans l'être-intoné, le *Dasein* est toujours déjà tonalement ouvert comme cet étant à qui le *Dasein* a été remis en son être comme [à l'] être qu'il a à être en existant. » (SuZ, §29, 134).

Cette ouverture tonale n'est alors que l'exister du *Dasein* en tant que l'étant qu'il a à être. Elle précède le *Dasein* (« toujours déjà ») – le *Dasein* est ouverture : « qu'il est et a à être », voilà l'ouverture tonale de l'être du là, du *Dasein*. Cette ouverture tonale, le *Dasein* le plus souvent l'esquive « ontico-existentiellement ». Le plus souvent il se trouve dans des tonalités qui en tant que telles détournent du caractère de charge de ceci qu'il est et a à être. Mais les tonalités sont à partir d'un être-intoné dans lequel le *Dasein* est remis au là. « Dans l'esquive elle-même, le Là est en tant qu'ouvert » (SuZ, 135).

La tonalité, ou l'affection, met le *Dasein* devant le « que » de son là, « elle l'ouvre dans son être-jeté et cela le plus souvent

---

[109] Notamment dans *Être singulier pluriel*, op. cit., mais aussi dans d'autres textes tels que *Le partage des voix*, op. cit., ou « L'être-avec de l'être-là », *lieu-dit*, n° 19, Lyon, 2003.

selon la guise d'un détournement qui l'esquive. » (SuZ, 136). C'est ainsi qu'il a, pour autant qu'il est, le mode d'être d'être-à. La tonalité ne vient alors ni de l'« intérieur » d'un sujet ni de l'« extérieur » d'un monde. La tonalité ou affection, est telle à partir de l'ouverture tonale du *Dasein*, ouverture qui précède le *Dasein* et le détourne de « lui-même ». C'est à partir de la tonalité qu'il y a à chaque fois être-au-monde. C'est la tonalité ou affection qui permet pour la première fois de se tourner vers... Or l'affection non seulement ouvre l'être-jeté et l'être-au-monde total, mais c'est en outre en elle que se fonde la capacité à être abordé.

Le comprendre

Le *Dasein* est un étant dont l'exister est ouvert : le *Dasein* est ouvert à n'être que son exister. Son exister renvoie à lui-même, mais ce « lui-même » n'est rien d'autre que ceci : qu'il existe. Ce que le *Dasein* comprend, ce n'est donc pas un « quelque chose », c'est l'être comme exister. L'être comme exister est le « qu'il est et a à être » du *Dasein*, son être-possible. L'être-possible que le *Dasein* est à chaque fois existentialement, n'est pas une possibilité accidentelle. Le *Dasein* est pouvoir-être : il est « un être-possible remis à lui-même, une possibilité de part en part jetée. » (SuZ, §31, 144). L'être-possible du *Dasein* est son être dans sa (ses) possibilité(s) d'être ou de ne pas être, c'est le « que » du « qu'il est » : le *Dasein* est originairement possibilité.

En tant qu'affecté, le *Dasein* s'est à chaque fois déjà engagé dans des possibilités, et en tant que le pouvoir être qu'il est, « il se déprend de possibilités de son être, il les prend et s'y mé-prend » (ibid.). C'est ainsi qu'il peut être libre « pour le pouvoir-être le plus propre » (ibid.). Qu'il ait la possibilité de s'en libérer, voilà son être-possible, selon lequel son pouvoir-être « le plus propre » est tel dans la mesure où il implique également l'« impropre ».

Le *Dasein* est à chaque fois en une telle guise, qu'il ait ou non compris sa situation. Lorsqu'il comprend, il « sait » où il en est avec lui-même, c'est-à-dire avec son pouvoir-être. Le comprendre est affecté et en tant que tel livré à l'être-jeté. Or, il s'est à chaque fois déjà méconnu puisque, en tant que jeté, il est son là en se détournant de lui, du fait d'être-à, d'être-au-monde et d'être-avec. En tant que pouvoir-être, il est remis à la possibilité « de se re-trouver dans ses possibilités » (ibid.).

« Le *Dasein* est jeté dans le mode d'être du projeter » (SuZ, 145). Il se comprend à chaque fois, aussi longtemps qu'il est, comme possibilité, car il n'est que possibilité. Le « comprendre » a le caractère du « projet » (*Entwurf*). Le projet, entendu à la fois selon son étymologie du pro-jet et selon le sens courant, indique une antériorité spatiale et temporelle intérieure, une différence de soi qui le constitue et le précède. Le projet entendu ainsi empêche de faire de la possibilité une réalité donnée : « il fait être la possibilité comme possibilité qu'autant qu'il la jette. Le comprendre est, en tant que projeter, le mode d'être du *Dasein* où il est ses possibilités comme possibilités » (ibid.). De la sorte il ne saisit pas les possibilités, mais il les projette, et c'est seulement ainsi qu'elles sont telles.

Parce que le *Dasein* est ses possibilités comme possibilités, il n'est jamais plus et jamais moins que ce qu'il est facticement. Être ses possibilités signifie être selon cette différence de soi qui constitue les possibilités comme telles. Le *Dasein* est ce qu'il sera ou ne sera pas.

Dans le caractère de projet du se-comprendre du *Dasein* s'ouvre à chaque fois non seulement la significativité (monde) mais aussi l'être. Le *Dasein* comme comprendre est son là : le « est » est ici transitif. Il est l'ouverture du là de l'être, d'un être qui n'est que possibilité d'être, être-jeté en tant qu'être-là.

Affection et comprendre caractérisent alors l'ouverture de l'être-au-monde. Mais, dans la mesure où le projet du pouvoir-être est remis à l'être-jeté, il faut que cette analyse échoue à le « résoudre » et en pose à nouveau la question. Parce que le pouvoir-être n'est pas immanent à son interprétation – à l'analyse du pouvoir-être du *Dasein* effectuée dans *Être et Temps* – il lui faut se suspendre et se relancer à nouveau comme question :

« Selon la guise de l'être-intoné, le *Dasein* „voit“ des possibilités à partir desquelles il est. C'est dans l'ouvrir projetant de telles possibilités qu'il est à chaque fois déjà intoné. Le projet du pouvoir-être le plus propre est remis au fait de l'être-jeté dans le Là. (...) Mais nous sommes tenus de laisser ressortir de sa plénitude le caractère énigmatique de cet être, ne serait-ce que pour pouvoir échouer comme il faut à le „résoudre“, et réussir à poser à neuf la question de l'être de l'être-au-monde jeté-projetant » (SuZ, 148).

Comprendre et explicitation

Le comprendre s'approprie lui-même et devient ainsi ce qu'il est. Cela se nomme explicitation. L'explicitation est l'articulation de ce qui est déjà compris. Ce qui est déjà compris est pro-jeté : il est compris comme pouvoir-être. La présupposition de l'explicitation, le déjà compris, est un écart de soi du comprendre même, selon lequel il est en tant que pouvoir-être. Son explicitation l'articule dans la différence interne selon laquelle il est possibilité. Or l'explicitation en tant qu'appropriation du comprendre renvoie au déjà compris, au présupposé, qui s'écarte en tant que pro-jet. Si l'explicitation articule le déjà compris, le déjà compris n'est rien de donné, il est son pouvoir-être. Or, l'explicitation est l'articulation de la différence qui diffère d'elle-même, et pour cela elle est le geste qui la donne et l'articule, et la suspension de ce qui est articulé : elle est son articulation comme le à-chaque-fois du surgissement de cette articulation.

« Dans la mesure où comprendre et explicitation forment la constitution existentiale de l'être du Là, le sens doit être conçu comme la structure formelle-existentiale de l'ouverture qui appartient au comprendre » (SuZ, 151). Le sens n'est donc jamais donné, il est se donnant. Si de la sorte cette recherche s'enquiert du sens de l'être, elle ne forge pas quelque chose qui se tiendrait derrière l'être, mais elle le questionne lui-même. Or, l'être serait à penser à même le sens, c'est-à-dire comme être-en-acte qui le suspend et le soustrait tout autant de la « présence » que de l'« absence ».

Il y a là quelque chose qui ressemble à une structure circulaire, comme la structure de l'explicitation du comprendre renvoyant à son présupposé. Cette structure caractérise aussi les modes dérivés du comprendre, comme l'interprétation philologique. « Voir dans ce cercle un cercle vicieux et chercher les moyens de l'éviter, ou même simplement l'„éprouver" comme une imperfection inévitable, cela signifie mécomprendre radicalement le comprendre » (SuZ, 153). La forme de la connaissance censée produire des résultats scientifiques « sans se mouvoir en cercle », n'est qu'« une forme déchue du comprendre – celle qui préside à la tâche légitime de saisir le sous-la-main dans l'incompréhensibilité qui lui est essentielle » (ibid.). Au contraire, ce qui « est décisif », afin de remplir les « conditions fondamentales d'un expliciter possible », ce n'est « pas de sortir du cercle, mais de s'y engager convenablement » (ibid.). Ce cercle du comprendre est la structure existentiale de préalable du *Dasein* lui-même, qui diffère infiniment en soi de soi, et qui pour cela ne se donne que de manière absolument finie, jamais donnée mais se donnant et donnant.

Or, ce « cercle » qui caractérise la structure du comprendre – et du *Dasein* –, n'est pas « vraiment » un cercle, car un cercle est un étant sous-la-main (ibid.). Il y est alors employé juste comme un schème emprunté à une étape de cet ouvrage pour désigner la différence interne et antérieure différant d'elle-même, selon laquelle se donne à chaque fois l'« il y a », l'être du *Dasein* ou le sens. Pour signaler cela nous allons désormais qualifier cette structure circulaire de « fausse ».

L'explicitation présuppose le comprendre, et articule le « comme » qu'est l'étant en retournant de ce à quoi il renvoie, autrement dit, elle articule le pro-jet du comprendre. L'énoncé (*Aussage*) est une forme dérivée de l'explicitation, un mode second de l'explicitation car en lui le « comme », qui caractérise l'explicitation et articule le sens, a subi une modification : il « est ramené au niveau uniforme du sans-plus-sous-la-main » (SuZ, §33, 158). Que l'explicitation articule le pro-jet du comprendre revient à dire qu'elle articule la différence qu'est le *Dasein*. Elle est la facticité du pouvoir-être ouvrant du *Dasein*. En se donnant, le *Dasein* se rend à l'avec d'une tournure, selon laquelle il y a à chaque fois encontre et rencontre, non pas comme mise en rapport de deux étants sous-la-main, mais comme la facticité de ce renvoi qui précède la substantialisation de tout sujet ; ce renvoi selon lequel être est toujours être-à et être-avec.

Le parler

« La compréhensivité affectée de l'être-au-monde s'exprime (*spricht sich aus*) comme parler. Le tout de signification de la compréhensivité vient à la parole » (SuZ, §34, 161). Ce « s'exprimer » n'indique pas l'extériorisation d'un intérieur, mais un mode de l'être-au-monde, selon lequel la compréhensivité affectée est déjà dehors. L'être-exprimé du parler est la parole. « L'ex-primé est justement l'être-dehors, c'est-à-dire la modalité à chaque fois présente de l'affection (de la tonalité), dont il a été montré qu'elle concerne la pleine ouverture de l'être-à. L'index linguistique de cette annonce de l'être-à affecté inhérente au parler se trouve dans l'intonation, la modulation, le tempo du parler, dans „la manière du parler" » (SuZ, 162). Dans l'ex-primé sont inclus la compréhension et l'explicitation. Ainsi la langue comme être-exprimé « abrite à chaque fois en soi un être-explicité du *Dasein* » (SuZ, §35, 167). L'être-explicité est à la mesure du *Dasein* qui lui est remis. L'être-exprimé dans la totalité des réseaux articulés de signification « préserve un comprendre du monde ouvert et, cooriginairement, de l'être-Là-avec d'autrui et de l'être-à à chaque fois propre » (SuZ, 168).

Dans tout parler, il y a ce dont il est parlé, moment structurel qui co-constitue l'ouverture de l'être-au-monde, préformé par cette constitution fondamentale du *Dasein*. La manière dont ce dont il est parlé est abordé par le *Dasein*, le parlé comme tel, le dit, est cela où le parler se partage (communique).

C'est la communication qui constitue l'être-l'un-avec-l'autre compréhensif et accomplit le « partage » de la co-affection et de la compréhension de l'être-avec. La communication n'est point un « transport de vécus, d'opinions, de souhaits, par exemple, de l'intériorité d'un sujet à celle d'un autre. L'être-Là-avec est essentiellement déjà manifeste dans la co-affection et dans la co-compréhension. L'être-avec, dans le parler, est „expressément" partagé (*geteilt*), c'est-à-dire qu'il est déjà, alors même que, non partagé, il n'est point saisi ni approprié » (SuZ, §34, 162). C'est l'être-là-avec qui est saisi et approprié dans le parler. Le partage est l'appropriation et la saisie de l'être-là-avec. Le parler serait le devenir exprès du partage.

« La communication (*Mitteilung*) des possibilités existentiales de l'affection, autrement dit l'ouvrir de l'existence peut devenir le but autonome du parler „poétique" » (ibid.)[110]. Cette communication est alors le partage de l'être-là-avec déjà manifeste dans la co-affection. Et le partage est l'appropriation et la saisie de l'être-là-avec.

L'entendre est constitutif du parler, et la perception acoustique se fonde dans l'entendre. L'entendre constitue même l'être-ouvert originaire et authentique du *Dasein* pour son pouvoir-être le plus propre, en tant qu'« entente de la voix de l'ami que tout *Dasein* porte avec soi » (SuZ, 163). Si le *Dasein* entend, c'est parce qu'il comprend. L'écouter est possible sur la base de ce pouvoir-entendre existential originaire. Il y a également une compréhension partagée et préalable de ce dont il est parlé. La réponse en tant que contre-parler résulte du comprendre de ce dont il est parlé, déjà partagé (mais non expressément) dans l'être-avec, avant même le parler (ibid.). Répondre et entendre se fondent dans le « parler ». Le silence est un mode du parler qui articule « si originairement la compréhensivité du *Dasein* que c'est de lui que provient le véritable pouvoir-entendre et l'être-l'un-avec-l'autre translucide » (SuZ, 165). En mettant plus en avant le terme de « partage » que Heidegger mentionne en tant que verbe (*geteilt*) mais ne thématise pas, nous pourrions paraphraser l'être de l'être-l'un-avec-l'autre, comme « partage ». Le devenir expressément manifeste du partage provient donc du silence.

Ainsi nous pourrions dire que si le « dit » du parler ne communique pas un « contenu » et ne transporte pas de significations d'un sujet à un autre, il donne lieu au partage – partage de l'être comme être-avec. Ce sont de la sorte la co-compréhension et la co-affection qui caractérisent l'être-l'un-avec-l'autre, et ce sont elles qui seraient saisies et appropriées dans le partage. Or la co-compréhension, la co-affection et l'être-l'un-avec-l'autre ont le mode d'un pouvoir être, d'un être-possible ou, autrement dit, d'une différence de soi agissante. Selon leur structure existentiale, leur « appropriation » ou leur « saisie », ne pouvant être l'appropriation ou la saisie de « quelque chose » comme un

110 Nous reviendrons ultérieurement sur ce passage.

étant sous-la-main, n'est que la facticité de leur être, leur se-donner : la facticité de l'être (son se-donner à chaque fois) comme être-avec.

Comme être-à, le *Dasein* est être-au-monde, toujours déjà dehors. Le parler, étant l'articulation de la compréhensivité antérieure à l'explicitation, étant-au-monde, étant un existential originaire de l'ouverture de l'être-au-monde, est toujours déjà ex-primé. Le *Dasein* a la parole. Ce qui est articulable dans le parler et l'explicitation est le sens. Or le sens n'est que la facticité de ce que nous avons nommé « partage » de l'être : le sens est donc exclusivement l'avoir-lieu de l'être, le *Dasein* en tant qu'il est, et d'autre part ceci revient à être-à et être-avec, venir à l'encontre. L'articulation de la différence interne du comprendre, le sens se donnant, est à chaque fois le fait qu'il se donne. Ainsi, le sens entendu strictement à même son don serait à penser selon son « partage ». À chaque fois le sens, comme être-avec et être-à du *Dasein*, est son surgissement comme son partage.

4.5. L'échéance du Dasein, l'authenticité et l'inauthenticité

Nous allons maintenant examiner le mode d'être de la constitution de l'être-là du *Dasein*. Penser l'exister du *Dasein* requiert de penser la mobilité de son « être-jeté », son éjection constante hors de l'« authenticité », conformément à laquelle le *Dasein* est « échu ». Étant toujours déjà confronté à une possibilité d'être, le *Dasein* s'anticipe lui-même. Selon cette anticipation, il est à chaque fois vers son pouvoir-être : il est « en-avant-de-soi-dans-l'être-déjà-dans-un-monde » (SuZ, §33, 192). Son anticipation le suspend et l'ouvre comme être-à et être-avec. L'« échéance » appartient à cette structure du *Dasein*. Il s'agit de montrer que la constitution du *Dasein*, n'étant pas une propriété sous-la-main, est mobile et dynamique : qu'elle est agissante. Conformément à cet agir, la « fausse » structure circulaire du *Dasein* en tant que question du sens de l'être, diffère l'appropriation du compris. La compréhension, se différant, se dessaisit et se déplace.

Nous avons vu que le parler incline ceux qui écoutent à participer à l'être ouvert à ce dont le parler parle. Le dit serait le lieu de l'avoir-lieu du partage, c'est-à-dire l'appropriation ou la saisie de l'être-avec déjà inclus dans ce dont il est parlé. Cette appropriation serait la facticité de l'être-avec déjà impliqué dans ce dont il est parlé. Or l'appropriation ou saisie ne pourrait que différer d'elle-même, se dé-prendre et se mé-prendre. Le plus souvent, on comprend moins ce dont il est parlé que le parlé comme tel, le dit. On comprend alors le dit en commun dans la même médiocrité, celle du On. Le dit n'est alors pas le lieu de l'avoir-lieu du partage, il n'est pas l'appropriation de l'être-avec inclus dans ce dont il est parlé, mais une redite, coupée de tout sol. Dans cette redite, l'être-avec s'identifie à l'être-l'un-avec-l'autre selon le mode du On. Dans cette « compréhensivité indifférente » (SuZ, §35, 169), non seulement nous ne nous approprions pas ce dont il est parlé, mais cette inappropriation même nous reste fermée. Nous omettons alors tout retour vers « le sol de ce dont il est parlé » (ibid.). Or ce mode du parler est tout autant un mode d'être de la compréhension du *Dasein* – le mode déraciné –, que tout comprendre « authentique ». Cet être « inauthentique » y est nommé échéance (*Verfallenheit*). L'inauthenticité n'est pas un état sous-la-main aliéné ou un non-être du *Dasein*. Elle est une possibilité « positive » du *Dasein* au même titre que l'authenticité. Et elle est en outre le mode d'être du *Dasein* « où il se tient le plus souvent » (SuZ, §38, 176). Ainsi, l'authenticité doit également être saisie dans son caractère de possibilité selon lequel elle n'est pas « „un état primitif", plus pur et plus élevé » (ibid.) duquel le *Dasein* serait échu.[111]

Le *Dasein* est toujours déjà échu. Il est échu au monde qui ressortit pourtant à son être, et il y est échu selon le mode d'être qui convient à son pouvoir-être jeté, remis à lui-même. L'échéance est une détermination existentiale du *Dasein*, elle caractérise son être-au-monde factice, et non pas un « commercium »

---

[111] Heidegger remarque d'ailleurs, SuZ, §34, 167 : « Par rapport à ces phénomènes, il ne sera peut-être pas superflu d'observer que leur interprétation a une intention purement ontologique, et qu'elle se tient à cent lieues d'une critique moralisante du *Dasein* quotidien, ainsi que de toute entreprise de „philosophie de culture" ».

entre des étants sous-la-main. Or l'échéance ne désigne pas la chute vers un état inférieur du *Dasein* : « Ce serait tout aussi peu comprendre la structure ontologico-existentiale de l'échéance que de leur prêter le sens d'une propriété ontique mauvaise et déplorable, susceptible d'être éliminée à des stades plus avancés de la culture humaine » (SuZ, 176).

L'échéance est un mode d'être du *Dasein*, en tant que son être-à ne désigne point le face-à-face de deux étants sous-la-main. Le *Dasein* se donne d'avance la possibilité de se perdre dans le On. En outre, « l'auto-certitude et l'être-décidé du On » (ibid.) rassurent le *Dasein*. Cette assurance accentue l'échéance et pousse à un incessant affairement dans lequel le *Dasein* s'éloigne encore plus de son propre pouvoir-être. L'être-au-monde échéant est pour lui-même tentateur, rassurant et aliénant. La mobilité de l'échéance pousse le *Dasein* de plus en plus vers son inauthenticité, c'est-à-dire vers un mode d'être possible. Elle conduit le *Dasein* à se laisser capter par lui-même. La mobilité de l'échéance du *Dasein*, sa « précipitation », pousse le *Dasein* vers lui-même ; elle arrache le comprendre « au projeter des possibilités authentiques et le jette dans la prétention rassurée de tout posséder ou atteindre » (SuZ, 178). Cette éjection constante hors de l'authenticité caractérise la mobilité de l'échéance comme « tourbillon ».

Selon son être-possible, le *Dasein* ne peut être que pour autant qu'il se jette. L'être-jeté du *Dasein* est « mobile ». C'est dans la mesure où il se dé-prend qu'il peut être son être authentique. C'est dans la mesure où il est de manière inauthentique qu'il peut être de manière authentique, c'est-à-dire être non pas comme un étant sous-la-main mais comme une possibilité de son pouvoir-être.

L'échéance est un mode de l'être-à dans lequel il y va du pouvoir-être-au-monde du *Dasein* sur le mode de l'inauthenticité. Elle est un « concept ontologique du mouvement » (SuZ, 180). L'existence authentique est une « saisie modifiée » (ibid.) de l'existence inauthentique ; et le *Dasein* ne peut échoir que parce qu'il y va pour lui de l'être-au-monde compréhensif et affecté.

Le *Dasein* ne peut s'ouvrir à son être-possible, authentique ou inauthentique, qu'à partir de lui-même, dans « l'isolement »

(SuZ, §40). Or ce « lui-même » n'est pas l'immanence d'un sujet mais « l'être-hors-de-chez-soi » (ibid.) en tant que quoi le *Dasein* est pouvoir-être-au-monde à partir du rien d'étant en-vue-de-quoi il est. En s'ouvrant de la sorte à « lui-même » ainsi entendu, il brise la publicité du On et est son être-possible de manière authentique : il s'ouvre à l'être-hors-de-chez-soi de son être-à et de son être-avec selon lesquels il fait encontre.

En se comprenant le *Dasein* se pro-jette. Selon la facticité du pro-jet, le *Dasein* est à chaque fois auprès d'un monde. En lui, il puise ses possibilités, de prime abord selon le mode (l'être-explicité) du On. Ces possibilités, restreintes à ce qui est « accessible, supportable, convenable et décent » (SuZ, §41, 194), impliquent un aveuglement envers le « possible comme tel » (SuZ, 195). Ainsi, le monde pro-jeté dans le comprendre devient rassurant. Le *Dasein* fuit l'étrangeté, l'être-en-avant-de-soi, l'être-possible ou le pouvoir-être à partir desquels et selon lesquels dans son être-à s'ouvre le monde : il fuit le soi (échéant) en se satisfaisant auprès du monde comme « simplement réel » (ibid.).

« La question du sens de l'être ne devient en général possible que si *est* quelque chose comme la compréhension de l'être » (SuZ, §43, 200). Le « *est* » souligné est un indice pour entendre la compréhension de l'être dans l'agir de sa « fausse » structure circulaire ; agir qui la détache d'une appropriation du compris et fait entendre le comprendre comme pouvoir-être pro-jetant. La question du sens de l'être est alors à penser à partir du pouvoir-être pro-jetant, auquel appartient l'échéance.

4.6. La vérité comme guise d'être du Dasein

La vérité comme guise d'être du *Dasein* est l'ouverture découvrante du *Dasein*, qui ouvre la possibilité de découvrir ou de recouvrir l'étant. Le comprendre en tant qu'être-découvrant est la vérité. L'avoir-lieu de la vérité arrive selon le mode d'être du *Dasein*. Il s'agit de penser la vérité comme la « fausse » structure circulaire qui caractérise la question de l'être et l'interprétation. Comme l'être qui en tant que transcendance finie nécessite sa « radicale individuation », la vérité n'est pas une propriété sous la main. Elle est le pouvoir-être qui diffère le

Dasein. La vérité comme adéquation et comme attestation est dérivée de la vérité « la plus originaire » entendue comme être-découvrant. La poésie et son interprétation comme épreuve de l'être devraient être pensées à partir de cette conception de la vérité.

4.7. L'être-vers-la-fin : la finitude de l'être

Le pouvoir-être est tel dans la mesure où, aussi longtemps qu'il est, il se rapporte au pouvoir-ne-pas-être qui le précède. Le pouvoir-être est précédé par sa fin, il surgit d'elle et aussi longtemps qu'il est, il est vers (à) (« zum ») elle[112]. Car, puisque le pouvoir-ne-pas-être, ou la fin du pouvoir-être, n'est pas un fait, alors le pouvoir-être, pour autant qu'il est, se rapporte à elle et ne pourra être entendu dans le sens d'une mise en rapport entre deux immanences. L'être à sa fin (SuZ, §52, 258-259) est donc l'être-en-acte de la suspension de « soi » à partir de laquelle il est ce qu'il est (c'est-à-dire pouvoir-être), et que, aussi longtemps qu'il est, il est cette suspension de « soi ».

C'est cette structure que Heidegger analyse dans les paragraphes qui concernent l'être vers (à) la mort. La mort comme fin est la possibilité la plus propre du *Dasein* car elle est la possibilisation de son être en tant que pouvoir-être. Elle est absolue car elle n'est définie par aucun rapport. C'est au contraire elle qui précède et possibilise tout rapport. Et elle est certaine en tant que la certitude appartient à la vérité et que la vérité comme être-découvrant désigne l'être du *Dasein*. La mort en tant que possibilisation du *Dasein* représente une certitude « insigne » du *Dasein*. Que cet être vers la mort soit le plus souvent recouvert pour le *Dasein*, que le *Dasein* le plus souvent se tienne dans un être « inauthentique » vers la mort, cela est

[112] « Être-vers » ou « être-à » la fin traduit ici « Sein zum Ende ». Nous divergeons avec la traduction de Martineau comme « être pour la fin », parce que le « pour » indique une finalité. D'ailleurs Heidegger, dans sa correspondance avec Arendt, critique la traduction française de « zum » par « pour », et propose « vers ». Pourtant « vers » nous semble faible en ce qu'il indique seulement une direction. Ainsi nous hésitons entre « vers » et « à ». Ce dernier pourrait mieux indiquer le rapport convenable. Il peut néanmoins être confondu avec « être-à » qui traduit « In-sein ».

impliqué par la structure même du *Dasein*, son « échéance », son identification au On.

Être authentiquement vers la mort revient à pouvoir comprendre son pouvoir-être extrême le plus propre ; lequel revient à son tour à exister authentiquement. Or, pouvoir comprendre ne signifie pas « fixer du regard un sens, mais se comprendre dans le pouvoir-être qui se dévoile dans le projet » (SuZ, §53, 263).

Dans la différence qui sépare le comprendre comme pouvoir-être du « fixer du regard un sens », (et qui sépare les deux sens de la vérité comme être-découvrant et attestation) se joue l'ambivalence qui caractérise le geste de Heidegger en ce qui concerne la primauté ou non de l'être vers la mort authentique sur celle inauthentique.

Heidegger a été jusqu'ici explicite quant au fait que l'authenticité de l'être vers la mort n'a aucune primauté « morale » sur l'inauthenticité, et que les deux sont des existentiaux d'une même structure, celle de l'être du *Dasein*. L'objectif était de dégager cette structure dans son énigme, et par-là de suspendre son propre questionner, le questionner de cette analyse.

Cependant, certains des mots choisis par Heidegger pour désigner l'être vers la mort authentique, rendent les choses plus complexes : « L'être pour elle [la possibilité la plus propre] fait comprendre au *Dasein* que le précède, à titre de possibilité extrême de l'existence, la nécessité de *se sacrifier*. » (SuZ, 264, je souligne) ; « Le devancement ouvre à l'existence, à titre de possibilité extrême, le *sacrifice de soi* et brise ainsi tout raidissement sur l'existence à chaque fois atteinte. » (Ibid., je souligne.) Et un peu plus loin : « (...) la liberté pour la mort *passionnée* » (SuZ, 266, je souligne). Ces mots sonnent comme exhortation à l'être authentique vers la mort, elles investissent l'être vers la mort d'un héroïsme.

Du même geste y est introduite la finitude du sens de l'être : « Libre pour les possibilités les plus propres, déterminées à partir de la fin, c'est-à-dire comprises comme *finies*, le *Dasein* expulse le danger de méconnaître à partir de sa compréhension *finie* de l'existence » (SuZ, 264). Dans « compréhension finie » et « possibilités finies », le terme « fini » provient alors de ce sens précis qu'on a attribué ci-dessus à la fin du *Dasein* – qui le précède de telle manière que l'être de ce dernier est l'« être-en-acte » de cette fin, fin suspendue, possibilisant à chaque fois l'être du *Dasein* comme pouvoir être, aussi longtemps que le *Dasein* est. En ce sens cette fin est infinie : elle est l'« être-en-acte » de sa suspension dans le pouvoir-être comme tel. Mais s'il en est ainsi, alors la compréhension finie n'indique rien d'autre que le comprendre projetant différant le « soi », tel qu'on l'a analysé ci-dessus. Et les possibilités finies ne sont rien d'autre que les possibilités comme telles, c'est-à-dire les possibilités en tant qu'elles sont possibles et non pas données. Or, si la compréhension finie et les possibilités finies sont à entendre dans ce sens, alors la mobilité et le recouvrement en sont des modifications existentiales : elles appartiennent à la compréhension finie ; et même la compréhension finie ne serait pas finie sans elles. D'où il s'ensuit que authenticité et inauthenticité sont co-impliquées, et que par conséquent une exhortation héroïque vers l'authenticité (« expulser le danger de méconnaître... ») est pour le moins étrange.

Nous ne soutenons pourtant pas que l'être du *Dasein* comme être-à et être-avec est identique à l'être inauthentique du On. L'être-à et l'être-avec est au contraire l'être authentique du *Dasein* à un niveau ontologique. Mais cette authenticité est inséparable de sa relance inauthentique, ontologique et ontique. Privilégier l'authenticité revient à privilégier l'instance de vérité contre le processus du sens, capter et immobiliser l'être en acte de la fin. L'être du *Dasein* comme être-à et être-avec implique non pas l'assomption du sacrifice de soi, mais l'être hors de soi dans l'être-à et l'être-avec, et donc le processus du sens, l'inauthenticité et l'authenticité selon lesquelles l'instance de la vérité procède ou se donne. C'est peut-être juste une affaire de ton ou d'emphase, mais il convient pourtant d'en éclairer l'enjeu.

4.8. L'ouverture du Dasein comme résolution

Choisir à chaque fois ce que le *Dasein* est déjà, signifie : se tenir à son être en tant qu'il est pouvoir-être, consentir à son être en tant qu'il n'est rien d'immanent, « se décider pour le pouvoir-être puisé dans le Soi-même le plus propre » (SuZ,

268). Pour cela, il lui faut une attestation de ce pouvoir-être-soi-même, que, bien que sur le mode de l'omission, il est à chaque fois déjà. Ce que Heidegger appelle la conscience lui apporte cette attestation. La « conscience » serait un appel, un parler silencieux ayant le caractère de « l'ad-vocation du *Dasein* vers son pouvoir-être-Soi-même le plus propre » (SuZ, 269). À cet appel correspondrait un entendre compréhensif qui serait un « vouloir-avoir-conscience » (SuZ, 270), et ceci serait le choisir existentiel du choix d'être soi-même, la « résolution ».

Le *Dasein* étant son propre fondement, il se comprend à partir des possibilités de son être-jeté. Le projet du comprendre est déterminé à chaque fois par la nullité de l'être-fondement et il est en tant que tel « essentiellement nul ». Cette nullité appartient à l'être-libre du *Dasein* pour ses possibilités existentielles. Il se tient à chaque fois dans une possibilité, mais en tant que cette possibilité est une possibilité de son pouvoir-être, il a à chaque fois renoncé à telle autre possibilité. Assumer le n'avoir-pas-choisi telle possibilité dans son être-jeté, est l'être-en-acte de sa liberté.

La nullité du projet de l'être-jeté est le fondement de la possibilité de la nullité du *Dasein* inauthentique dans l'échéance, c'est-à-dire du On. Le *Dasein* est « en-dette », il est l'être-fondement d'une nullité. C'est à partir de cette nullité qu'il se dessaisit de lui-même dans le On. L'être-en-dette du *Dasein* évoque la nécessité d'avoir à être le fondement d'une nullité. Mais la nullité est la condition de possibilité de sa liberté, de sa possibilité de choisir ce qu'il est à chaque fois et de se libérer pour ses possibilités. Sa liberté présuppose et nécessite son être-en-dette. Et son être-en-dette possibilise sa liberté. La nécessité de l'être-en-dette, à savoir la nullité de son fondement qui le voue à chaque fois de nouveau à son être-en-acte, permet à la liberté d'agir, c'est-à-dire d'avoir à chaque fois la possibilité de rejaillir.

L'appel de la conscience est appel de l'être-en-dette. L'étrangeté de l'être-hors-de-chez-soi transporte le *Dasein* devant sa nullité non dissimulée dans le On. L'appel pro-voque le *Dasein* à la possibilité « d'assumer soi-même en existant l'étant jeté qu'il est ; il est rappel : à l'être-jeté, afin de comprendre celui-ci comme le fondement nul qu'il a à assumer dans l'existence. Le rappel pro-vocant de la conscience donne au *Dasein* à comprendre qu'il doit – à titre de fondement nul de son projet nul se tenant dans la possibilité de son être – se ramener de la perte dans le On vers lui-même, autrement dit qu'il est en-dette » (SuZ, §58, 287).

Le pouvoir-être authentique attesté dans le *Dasein* même est le vouloir-avoir-conscience en tant que comprendre authentique de l'appel. Le vouloir-avoir-conscience est donc une guise de l'ouverture du *Dasein*, et en tant que telle, elle est constituée outre le comprendre, par l'affection et le parler. Heidegger nomme cette ouverture « authentique » du *Dasein*, « la résolution (*Entschlossenheit*) » (SuZ, §60, 297)[113]. La résolution est constituée par le comprendre comme « se-projeter vers l'être-en-dette le plus propre » (SuZ, 296). Conforme au caractère du pro-jet, ce se-projeter implique aussi l'échéance de l'être-le-plus-propre. À cette compréhension correspond l'affection de l'angoisse et de la joie. L'affection de l'angoisse correspond à l'entendre compréhensif de l'appel de la conscience en tant qu'il est rappel à l'être-en-dette c'est à dire à l'étrangeté, à l'être-hors-de-chez-soi originaire du *Dasein*, étrangeté de laquelle le *Dasein* résolu se rend passible. Un peu plus loin, à l'affection de l'angoisse, Heidegger ajoute celle de la « joie vigoureuse de cette possibilité » (SuZ, §62, 310). La joie correspond au tranchant de la décision, à la résolution en tant que se-rendre-libre pour son être-le-plus-propre. Angoisse et joie correspondent ensemble ainsi à « l'être-fondement nul d'une nullité » (SuZ, §58), et donc à la résolution et la passivité que celle-ci implique[114].

---

113 Nancy dans « La décision d'existence », op. cit., traduit *Entschlossenheit* par ouverture décidante/décidée. Heidegger, dans *Être et Temps*, §60, p. 179, écrit : « L'*Entschlossenheit* [que Martineau traduit par „résolution"] est un mode privilégié de l'*Erschlossenheit* [„ouverture"] ». La ressemblance probablement non fortuite des deux mots, la définition de la première comme un mode d'être de la deuxième, et le choix d'une lecture qui ne soit pas axée sur la primauté de l'authenticité, justifient le choix de la traduction proposée par Nancy.

114 À ce sujet cf. Nancy, « La décision de l'existence », op. cit., p. 142-143. Il analyse l'ambiguïté de la résolution en tant qu'elle implique la passivité de l'irrésolution et de l'indétermination, et qu'elle ouvre à l'accord de l'angoisse et de la joie. L'accord de ces deux affections dans l'*Entschlossenheit* convient

Parce que la résolution est un mode privilégié de l'ouverture du *Dasein*, l'ouverture a été interprétée comme « vérité originaire » (SuZ, §60, 297)[115]. La vérité en ce sens précède toute vérité de jugement. Elle est un existential fondamental de l'être-au-monde en tant qu'être-découvrant. La résolution ouvre l'être-au-monde « à chaque fois total » (ibid.). Elle ouvre l'être du *Dasein* en tant qu'être-à et être-avec, à partir de quoi de l'étant maniable (sous-la-main) peut être découvert. Or, la résolution ramène la découverte du « monde » (des étants maniables, etc.) à ses « fondements », à l'ouverture de l'être-à et de l'être-là-avec du *Dasein*.

Mais le *Dasein* est co-originairement dans la vérité et la non-vérité. La résolution (la vérité authentique) s'approprie authentiquement la non-vérité. Comme le pouvoir-être le plus propre du *Dasein* est jeté et se pro-jette à chaque fois vers des possibilités, la résolution est inséparable d'une ir-résolution. Résolution et irrésolution s'impliquent et se suspendent l'une l'autre, dans la mesure où elles constituent le *Dasein*, qui n'est point un sujet sous-la-main.

Heidegger nomme « situation » le là du *Dasein* à chaque fois ouvert dans la résolution. De même que la spatialité du *Dasein* est à penser de manière désubstantialisée selon son être-au-monde, la « situation » est à penser à même la résolution. Ce que nous appelons « accidents » et « occasions » peuvent échoir à partir du là pour lequel le *Dasein* résolu se rend libre. En tant que le *Dasein* est être-à et être-avec, en tant qu'il est être-là-avec, il est à chaque fois l'agencement de ce qui arrive. Ce là qui ouvre à chaque fois le *Dasein* comme tel agencement est fermé pour le On qui méconnaît les « circonstances » en les prenant pour des situations sous-la-main. La résolution arrache le *Dasein* à cette méconnaissance et le transporte devant le là de sa situation. On a déjà défini la résolution comme vouloir-avoir-conscience, comme comprendre adéquat de l'ad-vocation. Or l'appel de la conscience ne représente pas pour le *Dasein* « un

---

à l'existence en tant qu'elle « existe exclusivement à même son exister, c'est-à-dire en tant qu'elle est la libre „nullité" de son fondement d'être ». Néanmoins, Nancy entrevoit dans l'adjectif *gerüstet*, « vigoureuse », le penchant de Heidegger pour une assomption héroïque et guerrière de la finitude.

[115] Cf. supra §44

idéal d'existence vide, mais le pro-voque à la situation » (SuZ, 300).

La résolution comme être compréhensif pour l'être-en-dette, en tant que ce dernier est pouvoir-être-en-dette, doit être un être compréhensif pour (vers) la fin. Le « pour » dans la phrase « pour la fin » indique le se-rapporter à la fin en tant que condition pour l'être du *Dasein* ; en tant que celui-ci est pouvoir-être. Le pouvoir-être du *Dasein*, son être-fondement nul de sa nullité est l'être-en-acte sans fin de sa fin. La résolution comme être compréhensif pour (vers) la fin, doit donc inclure le devancement dans la mort de l'être vers la mort du *Dasein*. En tant qu'abandon à soi du *Dasein*, la résolution ouvre le devancement vers la mort comme possibilité absolue et indépassable du *Dasein*, et en tant que telle, elle ouvre l'être-en-dette en tant que préalable et constant.

La résolution en tant qu'elle n'est pas immanente doit se répéter. Comment peut-elle être reprise et répétée si elle ne diffère pas d'elle-même ? Heidegger écrit : « Constamment certaine d'elle, c'est-à-dire devançante, la résolution conquiert sa certitude authentique et totale » (SuZ, §62, 308). Or, il semble ici relever l'ir-résolution dans la résolution, et avec elle l'inauthenticité dans l'authenticité, et faire de la résolution la finalité de l'existence. Dans la mesure où la résolution est la relève de l'ir-résolution, la finitude en tant qu'être-vers-la-fin du *Dasein* devient le « sacrifice de soi » pour « la mort passionnée »[116]. Privilégier la résolution revient à privilégier l'assomption de la finitude par rapport à l'être fini du *Dasein*. La finitude pourtant, n'est pas une finalité, ou si elle l'est, elle est suspendue, et c'est en tant que cette suspension qu'il y a l'être du *Dasein* comme être-là-avec. Assomption (héroïque) de la finitude et finitude comme l'être-là-avec, l'exister même dans sa liberté et sa nécessité, voilà l'ambivalence constitutive du geste de Heidegger.

[116] Cf. supra, §53.

4.9. Finitude et interprétation

Ce qui fait obstacle à la tentative de penser l'être-en-acte de l'exister dans *Être et Temps*, c'est l'insistance de Heidegger sur le moment du propre. Déplacer l'accent de l'inscription du propre (la finitude) vers son se-donner, revient à déplacer l'accent de l'instance de la vérité, de l'identification ou de l'appropriation, vers l'espacement qu'est leur avoir-lieu, en les suspendant et en impliquant l'autre : autre chose qu'eux et autre chose en eux. En thématisant le terme « partage » que Heidegger évoque juste en passant dans le §34 (SuZ, 162), nous pourrions dire que cet espacement est l'exister comme partage, la finitude comme à chaque fois un être-là-avec, une « situation », un « monde » : « monde » contemporain à sa « création », être-là-avec se donnant, toujours à nouer.

Le *Dasein* se précède et implique autre chose que lui-même. Son soi-même le plus propre est le se-tenir à l'être-fini comme être-à et être-là-avec, mais il est en même temps jeté, échu à chaque fois déjà de sa propriété. Originairement hors de soi, et jeté aussi longtemps qu'il est, le *Dasein* pourrait se dire en termes sonores comme la voix de sa propre différence. La résonance alors de cette voix serait à chaque fois la « situation » : elle serait l'articulation d'un espace sonore, c'est-à-dire la possibilité de faire encontre, de venir à la rencontre, la possibilité de reprise, de déprise, d'appel et de réponse. Elle serait son propre envoi en tant que celui-ci implique l'agencement d'un espace sonore, la possibilité de quelque chose comme un dialogue. Découvrir le sens, revient à en dire la vérité. Mais le sens ne se résume pas au moment de la vérité. Il est au contraire la facticité de la nomination de la vérité, le partage qu'est son énonciation.

Ce n'est pas seulement l'interprétation qui devrait être pensée à partir du pouvoir-être du comprendre, mais aussi la poésie. Nous avons déjà cité la phrase tirée d'un des paragraphes d'*Être et Temps* que nous avons parcouru : « La communication des possibilités existentiales de l'affection, autrement dit l'ouvrir de l'existence peut devenir le but autonome du parler „poétique“ » (SuZ, §34, 162)[117]. C’est une des rares références à la poésie que l’on peut trouver dans *Être et Temps*, posée là de manière brute, sans aucune explication. « Eigenes Ziel », que Martineau traduit par « but autonome », serait mieux rendu par le « but propre » à la poésie, la fin (au sens de la finalité) de la poésie. La poésie est évoquée comme parler, parler « poétique ». Cette phrase survient dans le contexte de l’analyse du parler. Le parler est constitué par le parlé et par ce dont il est parlé. Ce dont il est parlé est le moment structurel qui co-constitue l’ouverture de l’être-au-monde et de l’être-là-avec. Le parlé est le lieu où ce dont il est parlé se partage. Il est ainsi le partage (et la communication au sens du partage) de l’être-avec ouvert dans le comprendre. Il est le lieu où l’être-avec peut être en acte l’être-là-avec qu’il est.

La compréhensivité est affectée et ouvre le là du *Dasein*. Son mode d’être est un pouvoir-être. Or le là du *Dasein* est à chaque fois ouvert par, dans, et en tant que, des possibilités existentiales singulières de l’affection et du comprendre. Le *Dasein* étant à chaque fois une possibilité déterminée de la compréhensivité affectée, il est toujours déjà hors de soi : il est-à et il est-avec, il est-là-avec. L’avoir-lieu de cet être-là-avec est le parler. « L’intonation, la modulation, le tempo », annoncent l’être-à affecté inhérent au parler. La totalité des renvois ouverte dans le comprendre s’articule dans le parler. L’articulé est la signification. Mais l’articulé ou le parlé est le lieu où l’existence se partage, le lieu où l’être-là-avec qui fonde la signification peut devenir manifeste et agir.

En poussant plus loin l’analyse de Heidegger, nous pourrions dire que l’agir de l’être-là-avec est le partage : le *Dasein* est ce partage déjà en soi, avec soi. Le parler en tant qu’avoir-lieu du partage que le *Dasein* est – en tant qu’être-avec – est à chaque fois toujours déjà constitutif du *Dasein*. Or, le parler est aussi bien un faire-silence, en tant que ce dernier est le pouvoir-entendre, sans quoi il ne peut y avoir de partage. Ainsi, le parler est la possibilité de dialogue et celle-ci est la facticité du partage. En déplaçant l’accent de l’appropriation du propre vers l’agir de

---

[117] « Die Mitteilung der existenzialen Möglichkeiten der Befindlichkeit, das heißt das Erschließen von Existenz, kann eigenes Ziel der „dichtenden“ Rede werden. »

l'existence, il convient donc de dire que le partage est l'être du *Dasein*, l'ouverture de son là, le sens en tant qu'il est se donnant et non pas donné.

Le parler comme articulation du sens est situé entre le sens se donnant et la signification donnée. Le parlé est l'avoir-lieu de ce dont il est parlé. Mais le parlé est du côté de la signification donnée. Et cette signification donnée est située dans une ambivalence entre sa propre suspension comme le se-donner du sens d'où elle provient, et sa préservation comme donnée. La signification a besoin du sens, du partage du dialogue pour exister. Et le sens a besoin du parlé, de la signification comme lieu pour son avoir-lieu, pour son exister. Mais l'avoir-lieu de ce dont il est parlé n'est pas la préservation de la signification. Il est le se-rendre au dialogue que le parler est déjà en soi. Le dialogue est le surgissement de la co-appartenance constitutive du parlé, son être-en-acte comme possibilité d'entente, de reprise, de perte, de relance, son se-donner en tant que ce « se » – son « soi » – n'est aucune immanence mais à chaque fois un être-là-avec.

5. CONCLUSION

Dans notre analyse d'*Être et Temps*, nous avons montré que la question de l'être requiert de prendre en considération que le sens déroute toute interprétation entendue comme saisie appropriative. La radicale modification du cercle herméneutique qu'implique la question de l'être ouvre sur une autre dimension de l'interprétation qui prend en charge la différence agissante de l'exister. Pour signaler cette autre dimension, dans cette analyse la transcription grecque du mot « interprétation », à savoir « hermeneia », est souvent employée. Cette analyse va dans le sens du travail de Nancy qui, dans *Le Partage des voix*, montre que « la pensée de l'être en tant qu'être n'en appelle pas à une méthode ni à un préalable herméneutique (elle destitue même l'herméneutique comme telle), mais que l'être en question s'y donne lui-même et ne s'y donne que dans une *hermeneia* (…). L'être n'est rien dont le sens serait atteint par voie herméneutique, mais l'*hermeneia* est le „sens" de cet étant que nous sommes, „hommes", „interprètes" du *logos*. »[118]

L'*hermeneia* requiert la déconstruction des présupposés sur lesquels se fonde la conception courante de l'interprétation. Il ne s'agit pas de l'appropriation par un sujet d'un sens perdu, mais de l'avoir-lieu de la différence qu'est le sens comme partage. Dans notre analyse, nous avons esquissé le terme « partage » comme étant l'avoir-lieu de l'être en tant qu'il est être-avec. En tant que l'être n'est pas, son avoir-lieu dans et par l'*hermeneia* est l'ouverture où l'*hermeneia* est-à et est-avec. « Nous » en tant que nous sommes *Dasein*, herméneutes (ou interprètes) de l'être, n'est aucun sujet : « nous » est le partage que nous sommes en tant qu'être-à et être-avec.

Conformément à cela, il convient de penser aussi l'interprétation de la poésie et l'interprétation (de l'être) qu'est la poésie comme *hermeneia*. Autrement dit, il convient de prendre en considération le débordement de l'interprétation (entendue au sens courant) dans le partage qu'elle est. Dans *Le Partage des voix*, Nancy emploie le terme « partage » pour désigner l'*hermeneia* que sont la poésie *et* son interprétation comme

118 Op. cit., p. 10.

« annonce de la finitude à la finitude »[119]. Il y introduit le terme « partage » en traduisant ainsi le grec *moira* dans la lecture qu'il propose du texte de Heidegger *D'un entretien de la parole*[120], qu'il met en parallèle avec *Être et Temps*.

Dans *D'un entretien de la parole* il est question de l'« herméneutique », mot qui avait été abandonné par Heidegger après *Être et Temps*. Nancy remarque que « ce texte fait ressurgir le mot abandonné moins, jusqu'à un certain point, pour l'„expliquer" par de nouveaux motifs, que pour le livrer finalement à un nouvel abandon, qui revient aussi à le remettre à sa destination originelle – celle qu'invoquait déjà l'*Être et Temps* »[121]. Cette « destination originelle » est sa propre suspension, le point où, dans les termes d'*Être et Temps*, le questionner qui s'enquiert du sens de l'être, échouant à résoudre ce dont il s'enquiert, jaillit et rejaillit comme être-à et être-avec, c'est-à-dire comme ce que nous avons nommé « partage ».

Dans notre travail, nous avons essayé de montrer que dans *Wozu Dichter ?* il y va moins d'une évaluation et d'une critique de la poésie rilkéenne, que d'un essai de prendre en considération ce que requiert l'interprétation de la poésie comme épreuve de l'être. Bien qu'il n'y soit pas explicitement question de l'*hermeneia*, l'interprétation (*Auslegung*), l'éclaircissement ou encore l'explicitation du poème rilkéen est articulée dans le cadre d'une problématique sur la poésie et son approche comme épreuve de l'être. Nous avons montré que l'épreuve de l'être telle qu'elle est décrite dans *Wozu Dichter ?* suspend toute saisie appropriative du sens de l'être, qu'elle suspend la conception ordinaire de l'interprétation. Cela est déchiffrable dans la manière dont la lecture du poème rilkéen est introduite, dans la lecture du poème même, et dans la manière dont le texte se clôt.

Si dans *Wozu Dichter ?* Heidegger propose la lecture d'un poème, et si cette lecture a bien l'allure d'une interprétation ordinaire entendue comme saisie appropriative du sens du poème, *Wozu Dichter ?* requiert aussi le débordement de cette interprétation dans l'*hermeneia*. Toute la construction et l'arti-

---

119 Ibid., p. 88.

120 Martin Heidegger, *Acheminement vers la parole*, Gallimard, Paris, 1976.

121 Nancy, *Le partage des voix*, op. cit., p. 44.

culation du texte donne à penser la poésie de Hölderlin et aussi la poésie de Rilke comme adresse d'une question qui suspend tout décodage, tout comme l'interprétation de cette poésie qui la rencontre. Dans *Le Partage des voix*, Nancy remarque que « La pensée de Heidegger, c'est-à-dire la pensée qui interroge la clôture de la métaphysique, n'est pas séparable d'une explication fondamentale avec l'herméneutique »[122], où la clôture est entendue au sens derridien comme « la limite circulaire à l'intérieur de laquelle la répétition de la différence se répète indéfiniment »[123]. Une telle explication a lieu aussi dans *Wozu Dichter ?*

En interrogeant la clôture de la métaphysique dans la poésie de Rilke, poésie qui reste pour Heidegger « dans le cône d'ombre d'une métaphysique nietzschéenne un peu tempérée » (PP, 344), Heidegger s'explique aussi avec l'interprétation pensée comme saisie appropriative du sens. Ainsi, sa lecture du poème rilkéen n'est pas séparable d'une mise en question de ses propres présupposés. Heidegger met en avant la différence à l'œuvre dans cette poésie ou, autrement dit, il insiste sur l'ambiguïté des mots métaphysiques de cette poésie et sur le consentement au déploiement de cette ambiguïté ; il s'agit du consentement dans et comme le dire au risque qu'est l'être, lorsque le dire poétique y devient question. Et simultanément il met en avant la différence à l'œuvre dans sa propre interprétation de la poésie rilkéenne, désarticulant sa propre interprétation comme rencontre et adresse de la question du sens dont elle s'enquiert, c'est-à-dire de l'épreuve de l'être comme tel dans la poésie de Rilke.

Dans notre analyse d'*Être et Temps*, nous avons montré que Heidegger ouvre la voie pour penser l'être comme être-à et être-avec, qu'en d'autres termes, il ouvre la voie pour penser la finitude de l'être comme ce que nous avons nommé « partage ». Néanmoins, nous avons vu qu'en privilégiant la résolution et l'authenticité par rapport à l'irrésolution et l'inauthenticité, il ramène hiérarchiquement, malgré ses prémisses, la non-vérité à la vérité, et qu'en exhortant à l'assomption de la finitude, il tend

---

122 Op. cit., p. 14.

123 Jacques Derrida, *L'écriture et la différence*, Seuil, Paris, 1967, p. 367.

à immobiliser l'agir de l'exister. D'une manière analogue, *Wozu Dichter ?* est aussi équivoque. D'une part, il donne à penser le débordement de l'interprétation dans l'*hermeneia* et, d'autre part, il introduit une hiérarchie entre Rilke et Hölderlin.

Cette hiérarchie implique la comparaison du sens de leur poésie, comme si le sens de la poésie rilkéenne présenté dans l'interprétation proposée était moins authentique que le sens de la poésie de Hölderlin : comme s'il était moins proche de ce qu'est « vraiment » l'être. En outre, le langage employé (« le temps de détresse », « la nuit du monde », « le revirement de l'abîme », etc.) suggère, malgré tout, que le temps de la métaphysique est un temps décadent et qu'éprouver l'être comme tel dans et par la poésie pourrait mener à son revirement. Ainsi, bien qu'il donne à penser l'être comme l'ouverture qui donne le présent y restant en retrait, il laisse aussi entendre que l'épreuve historiale pourrait fonder l'histoire (et donc aussi le présent) sur son essence manquée.

Le mouvement contradictoire du texte atteint aussi bien l'esquisse de la métaphysique que l'esquisse de l'interprétation. Dans la mesure où la poésie de Rilke est critiquée et dépréciée comme restant dans la métaphysique, y est présupposée une poésie qui ne serait pas métaphysique. Dans la mesure où la poésie de Rilke est critiquée, l'interprétation saisit son sens et le compare au sens de l'être, qui doit donc être assignable comme tel. Ainsi dans le schème historique et historial que la différence entre Rilke et Hölderlin implique, est celée l'exhortation à l'épreuve de la supériorité de Hölderlin. Cette supériorité reconduit la logique que Heidegger récuse – lorsqu'il critique la *Gestalt* nietzschéenne de l'Ange rilkéen – comme étant tributaire du totalitarisme. L'appropriation de l'essence manquée de notre âge y est en jeu. De ce point de vue, *Wozu Dichter ?* s'inscrit dans la lignée de ses écrits des années trente qui, en désignant Hölderlin comme poète des poètes en tant que poète des Allemands, révélaient la vérité de l'être éprouvé dans et par la poésie de Hölderlin, vérité que selon Heidegger le national-socialisme avait manquée.

Mais *Wozu Dichter ?* donne néanmoins aussi à penser que le sens de l'être n'est pas assignable. Il donne aussi à penser qu'il ne s'agit pas de critiquer Rilke mais d'interroger la différence à l'œuvre dans sa poésie et de laisser cette interrogation, à savoir l'interprétation de cette poésie, être ramenée au point où elle jaillit et rejaillit : à la répétition et l'adresse de la question qui nous requiert, c'est-à-dire au partage de l'être. L'être n'est pas, c'est pourquoi Heidegger, abandonnant après *Être et Temps* le mot d'herméneutique, refuse de faire de l'*hermeneia* un objet de méditation. Néanmoins, dans *Wozu Dichter ?*, il donne à penser l'*hermeneia* comme la praxis, l'agir qui diffère l'interprétation. L'exercice de méditation auquel il nous convie constitue bien en partie une critique de Rilke, et à cet égard il convient de le déconstruire. Cependant, il s'agit aussi d'un exercice d'(in)décision, d'(ir)résolution et de (dés)saisie du sens de l'être dans et comme le partage qu'il est : dans et comme le partage que nous sommes, humains, interprètes de l'être.

BIBLIOGRAPHIE

Agamben Giorgio, *L'ouvert – De l'homme et de l'animal*, Rivages, Paris, 2002.

Arendt Hannah – Günther Anders Stern, « Les *Élégies de Duino* de Rilke », trad. Anne-Sophie Astrup et Claude Lutz, *Po&sie n° 38*, Belin, Paris, 1986.

Betz Maurice, *Rilke in Frankreich. Erinnerungen – Briefe – Dokumente*, Reichner, Wien, 1938.

Buddeberg Else, *Denken und Dichten des Seins. Heidegger, Rilke*, Metzlersche Verlagsbuchhandlung, Stuttgart, 1956.

De Man Paul, « Introduction », Rainer Maria Rilke *Œuvres 2. Poésie*, Seuil, Paris, 1966.

– *Allégories de lecture : le langage figuré chez Rousseau, Nietzsche, Rilke et Proust*, Galilée, Paris, 1989.

Derrida Jacques, *L'écriture et la différence*, Seuil, Paris, 1967.

– « La main de Heidegger », *Psyché*, Galilée, Paris, 1987.

Dupeux Yves, *L'existence comme telle (La question du sens de l'être en général chez Heidegger)*, thèse soutenue le 31 Janvier 2004 à Strasbourg sous la direction de Jean-Luc Nancy.

Froment-Meurice Marc, *C'est à dire – Poétique de Heidegger*, Galilée, Paris, 1996.

Fülleborn Ulrich et Engel Manfred (éd.), *Materialien zu Rainer Maria Rilkes « Duineser Elegien »*, 3 vol., Suhrkamp, Franfkurt am Main, 1980-1982.

Gadamer Hans-Georg, « Rainer Maria Rilkes Deutung des *Daseins* », *Kleine Schriften 2, Interpretationen*, Mohr, Tübingen, 1967.

Guardini Romano, *Zu Rainer Maria Rilkes Deutung des Daseins*, Francke, Berne, 1946.

Haar Michel, « Le tournant de la détresse », *Les Cahiers de l'Herne – Martin Heidegger*, L'Herne, Paris, 1983.

– *Le chant de la terre*, L'Herne, Paris, 1985.

– *Heidegger et l'essence de l'homme*, Million, Grenoble, 1990.

Heidegger Martin, *Sein und Zeit* [1927], Niemeyer, Tübingen, 1993.

– *Être et Temps*, trad. Emmanuel Martineau, Authentica, Paris, 1985.

– *Hölderlins Hymne « Der Ister »* [1942], GA 53, Klostermann, Frankfurt am Main, 1984.

– *Parmenides* [1943], GA 54, Klostermann, Frankfurt am Main, 1982.

– *La pauvreté (Die Armut)* [1945], trad., Philippe Lacoue-Labarthe et Ana Samardzija, Presses Universitaires de Strasbourg, Strasbourg, 2004.

– *Holzwege,* « Wozu Dichter? » [1946], Klostermann, Frankfurt am Main, 1950.

– « Pourquoi des poètes ? », *Chemins qui ne mènent nulle part*, trad. Wolfgang Brokmeier, Gallimard, Paris, 1962.

– « Züricher Seminar, Aussprache am 6. November 1951 », *Seminare*, GA, Bd. 15, Klostermann, Frankfurt am Main, 1986.

– « Séminaire de Zurich », trad. François Fédier, *Po&sie n° 13*, Berlin, Paris, 1980.

– « Das Ding », *Gestalt und Gedanke,* Jahrbuch der Bayerischen Akademie der Schönen Künste, t. 1, München, 1951.

– « Sur un vers de Mörike. Correspondance entre Martin Heidegger et Emil Staiger, 1951 », trad. Jean-Marie Vaysse et Luc Wagner, *Les Cahiers de l'Herne – Martin Heidegger*, L'Herne, Paris, 1983.

– *Approche de Hölderlin* [*Erläuterungen zu Hölderlins Dichtung, 1951*], trad. Henry Corbin, Michel Deguy, François Fédier, Jean Launay, Gallimard, Paris, 1973.

– *Vorträge und Aufsätze*, Neske, Pfullingen, 1954.

– *Essais et conférences*, trad. André Préau, Gallimard, Paris, 1958.

– « Zur Seinsfrage » [1956], *Wegmarken*, GA 9, Klostermann, Frankfurt am Main, 1976.

– « Contribution à la question de l'être », trad. Gérard Granel, *Question 1*, Gallimard, Paris, 1968.

– *Acheminement vers la parole [Unterwegs zur Sprache, 1959]*, trad. Jean Beaufret, Wolfgang Brokmeier, François Fédier, Gallimard, Paris, 1976.

– *Nietzsche 1* [1961], GA Bd. 6.1, Klostermann, Frankfurt am Main, 1996.

– *Nietzsche 1*, trad. Pierre Klossowski, Gallimard, Paris, 1971.

– « Le nihilisme européen », « La détermination ontologico-historiale du nihilisme », *Nietzsche 2* [1961], trad. Pierre Klossowski, Gallimard, Paris, 1971.

– *Les Hymnes de Hölderlin : « La Germanie » et « Le Rhin »* [*Hölderlins Hymnen « Germanien » und « Der Rhein », Wintersemester 1934-1935*], trad. François Fédier et Julien Hervier, Gallimard, Paris, 1988.

Herder J. G., *Sämtliche Werke*, Suphan (éd.), Bd. 13, Weidmann, Berlin, 1877-1913.

Janicaud Dominique – Jean François Mattéi, *La métaphysique à la limite. Cinq études sur Heidegger*, Presses Universitaires de France, Paris, 1983.

Janicaud Dominique, *L'Ombre de cette pensée. Heidegger et la question politique*, Millon, Grenoble, 1990.

– *Heidegger en France, 2 vol.*, Albin Michel, Paris, 2001.

Klossowski Pierre, « Rainer Maria Rilke et les *Élégies de Duino* », *Critique 5*, Minuit, Paris, 1946.

Lacoue-Labarthe Philippe, « Typographie », *Mimesis des articulations* (collectif), Aubier-Flammarion, Paris, 1975.

– « L'oblitération », *Le sujet de la philosophie*, Aubier-Flammarion, Paris, 1979.

– *L'imitation des modernes*, Galilée, Paris, 1986.

– *La poésie comme expérience*, Bourgois, Mesnil-sur-l'Estrée, 1986.

– *La fiction du politique*, Bourgois, Mesnil-sur-l'Estrée, 1987.

– « La vérité sublime », *Du sublime* (collectif), Belin, Paris, 1988.

Lacoue-Labarthe Philippe – Nancy Jean-Luc, *Le mythe nazi*, Aube, La Tour d'Aigues, 1991.

Lacoue-Labarthe Philippe, *Poétique de l'histoire*, Galilée, Paris, 2002.

– *Heidegger - La politique du poème*, Galilée, Paris, 2002.

Losurdo Domenico, *Heidegger et l'idéologie de la guerre*, trad. Jean-Michel Bluée, Presses Universitaires de France, Paris, 1998.

Mattéi Jean-François, Heidegger et Hölderlin, *Le Quadriparti*, Presses Universitaires de France, Paris, 2001.

Mörchen Hermann, *Sonette aus Orpheus*, Kohlhammer, Stuttgart, 1958.

Munier Roger, *La Huitième Élégie de Duino de Rainer Maria Rilke traduite et commentée par Roger Munier*, Fata Morgana, Paris, 1998.

Nancy Jean-Luc, *Le partage des voix*, Galilée, Paris, 1982.

– « La décision d'existence », *Une pensée finie*, Galilée, Paris, 1990.

– *Le sens du monde*, Galilée, Paris, 1993.

– « De l'être singulier pluriel », *Être singulier pluriel*, Galilée, Paris, 1996.

– *Résistance de la poésie*, William Blake & Co., Bordeaux, 1997.

– *Des lieux divins,* suivi de *calcul du poète*, Trans-Europ-Repress, Mauvezin, 1997.

– *La pensée dérobée*, Galilée, Paris, 2001.

– « L'être-avec de l'être-là », *lieu-dit Revue, n° 19*, Lyon, 2003.

Parfait Nicole, « Heidegger et la politique. Herméneutique et révolution », *Le cahier du Collège International de Philosophie*, Osiris, Paris, 1989.

Petzet Heinrich Wiegand, *Auf einen Stern zugehen, Begegnungen und Gespräche mit Martin Heidegger 1929 – 1976*, Societäts-Verlag, Frankfurt am Main, 1983.

Rilke Rainer Maria, *Werke,* 4 vol., Insel, Frankfurt am Main, 1996.

– *Œuvres 3, Correspondance*, trad. Blaise Briod, Philippe Jaccottet et Pierre Klossowski, Seuil, Paris, 1976.

– *Correspondance avec Lou Andreas Salomé*, trad. Philippe Jaccottet, Gallimard, Paris, 1983.

– *Les Elégies de Duino*, trad. Jean-Pierre Lefebvre, Gallimard, Paris, 1994.

– *Œuvres poétiques et théâtrales*, trad. Rémy Colombat, Jean-Claude Crespy, Doininique Iehl, Rémy Lambrechts, Marc de Launay, Jean-Pierre Lefebvre, Jacques Legrand, Marc Petit et Maurice Regnaut, Gallimard, Paris, 1997.

Schelling Friedrich, *Œuvres Métaphysiques*, trad. Martineau et Courtine, Gallimard, Paris, 1980.

Szondi Peter, « Rilkes Duineser Elegien », *Das lyrische Drama des Fin de siècle*, Suhrkamp, Frankfurt am Main, 1975.

Taminiaux Jacques, « L'essence vraie de la technique », *Les Cahiers de l'Herne – Martin Heidegger*, L'Herne, Paris, 1983.

Tezuka Tomio, « Une heure avec Heidegger », trad. Bernard Stevens avec l'assistance de Tadaori Takada, Philosophie n° 69, Minuit, Paris, 2001.

LISTE DES ABRÉVIATIONS

PP « Pourquoi des poètes ? »

SuZ Sein und Zeit

TABLE DES MATIERES

L'HARMATTAN ITALIA
Via Degli Artisti 15; 10124 Torino

L'HARMATTAN HONGRIE
Könyvesbolt ; Kossuth L. u. 14-16
1053 Budapest

L'HARMATTAN KINSHASA
185, avenue Nyangwe
Commune de Lingwala
Kinshasa, R.D. Congo
(00243) 998697603 ou (00243) 999229662

L'HARMATTAN CONGO
67, av. E. P. Lumumba
Bât. – Congo Pharmacie (Bib. Nat.)
BP2874 Brazzaville
harmattan.congo@yahoo.fr

L'HARMATTAN GUINÉE
Almamya Rue KA 028, en face du restaurant Le Cèdre
OKB agency BP 3470 Conakry
(00224) 60 20 85 08
harmattanguinee@yahoo.fr

L'HARMATTAN CAMEROUN
BP 11486
Face à la SNI, immeuble Don Bosco
Yaoundé
(00237) 99 76 61 66
harmattancam@yahoo.fr

L'HARMATTAN CÔTE D'IVOIRE
Résidence Karl / cité des arts
Abidjan-Cocody 03 BP 1588 Abidjan 03
(00225) 05 77 87 31
etien_nda@yahoo.fr

L'HARMATTAN MAURITANIE
Espace El Kettab du livre francophone
N° 472 avenue du Palais des Congrès
BP 316 Nouakchott
(00222) 63 25 980

L'HARMATTAN SÉNÉGAL
« Villa Rose », rue de Diourbel X G, Point E
BP 45034 Dakar FANN
(00221) 33 825 98 58 / 77 242 25 08
senharmattan@gmail.com

L'HARMATTAN TOGO
1771, Bd du 13 janvier
BP 414 Lomé
Tél : 00 228 2201792
gerry@taama.net

648745 - Avril 2016
Achevé d'imprimer par

1livre.com
du rêve à la réalité !